KB048124

나는 좀 단순해질 필요가 있다

NOISE

인생에서 가장 중요한 것에 집중하는 힘

나는 좀 단순해질 필요가 있다

조셉 맥코맥 지음 | 이애리 옮김

포레스트북스

추천사

고맙게도 조셉은 이 책을 출간하기 전에 내게 우편으로 보내 주었다. 책을 읽은 후 나는 작은 실험을 단행했다.

이메일 알람을 비롯해 SNS와 각종 알림을 대부분 차단했다. 핸드폰에 재갈을 물리고 금지 명령을 내렸으며 모든 정보를 아주 단단히 잠갔다.

그렇다고 계정을 삭제하지는 않았다. 나는 헨리 데이비드 소로Henry David Thoreau의 방식에 조금도 끌리지 않았고, 디지털 도시를 떠나 아날로그 숲속으로 가고 싶지 않았다. 이는 "페이스북은 이제 끝이야!" 식의 흥분도 '현대사회의 병폐'라는 이름의 선언문도 아니다. 그보다는, 나 스스로 주의가 산만해졌음을 새삼 깨달았을 뿐이다. 다음은 소음 없이 조용한 곳에서 3개월간 지낸 경험을 기록한 것이다.

• 일단 '사방에서 들리는 맹렬한 소리'의 수준이 특정 임계점보다 밑에 있으면 '슬그머니' 들려오는 작은 소음에도 더욱 민감하게 된다. 예를 들어, 도서관에서 한 명이 떠드는 소리가 인파 속에서 한 명이 지르는 괴성보다 더 크게 들리는 것이다. 더 좋은 예가 있다. 어느 날 나는 문득 이런 생각이 떠올랐다. '야후! 스포츠Yahoo! Sports가 고작 플로리다 애틀랜틱 미식축구팀 감독 레인 키핀Lane Kiffin에 관한 일로 나를 방해한다는 게 말이 되는가? 화요일 아침에? 그것도 지금 여긴 도서관인데!' 그래서 나는 알림을 과감히 꺼버렸다.

• 우리는 차분하고 자신감 있게 업무 흐름을 파악하고 통제하기 시작한다. 우리는…… (실제 일어난 일: 지금 나는 이곳에 앉아 이 글을 쓰고 있는데, 손목에서 애플워치가 울리며 미국인들이 잭 인 더 박스Jack in the Box에서 1년 동안 무려 5억 5,400만 개의 타코를 먹는다고 알려준다. 도대체 이걸 왜 알려주는지는 아무도 모른다. 미안하지만 《월스트리트 저널》 너도 이제 차단이다.) 아뿔싸! 그만 맥락을 놓치고 말았다. 내가 무슨 말을 하고 있었지? 아, 맞다. 우리는 업무의 맥락이 자주 바뀌면 생산성이 떨어진다는 사실을 깨닫기 시작한다. 그리고 갑자기 끼어든 일로 업무 흐름이 끊길 때마다 진짜 시간과 돈을 잃어버린다는 사실도 안다. 우리

의 뇌는 집중할 일이 무엇이건 간에 다시 그 흐름을 따라잡는 데 시간이 걸린다. '다시'가 너무 많으면 우리는 영원히 집중력이 떨어진 상태를 벗어나지 못할 것이다.

• 다양한 디지털 '비서'들이 나의 디지털 '보스'가 돼버렸다. 핸드폰은 계속 내 주의력을 빼앗으며 나를 압도했고 모든 상황을 통제했다. 나는 얼른 이 글을 완성하고 싶지만, 권위적인 상사가 갑자기 끼어들어 타코에 집중하라고 요구했다. 정보에 통제당하는 게 아니라 정보를 통제하는 방향으로 간단히 디지털 기기와의 관계를 재정립한 후에야 나는 기기들이 실은 대단히 조용하다는 걸 알게 됐다. 그 순간 핸드폰은 원래 지난 2007년에 '고용했던' 나의 믿음직한 비서로 다시 돌아와 나의 명령을 받기 시작했다.

이처럼 중요한 내용을 담고 있는 이 책은 궁극적으로 '주의 경제학Attention Economics'에 관한 내용이다. 즉, "정보가 풍부해질수록 주의력이 줄어들고 있다. 자칫하면 무의미한 곳에 주의를 빼앗길 수 있는 정보 과잉 시대에 우리는 주의력을 효율적으로 배분해야 한다"는 이야기다. 이는 놀랍게도 노벨상을 받은 경제학자 허버트 사이먼Herbert Simon이 스마트폰은 물론 웹사이트와

케이블 TV가 나오기 훨씬 이전인 1971년에 한 말이다.

그로부터 거의 50년이 지난 지금, 조셉 맥코맥은 우리에게 이 '주의력 빈곤'에서 벗어나 성공하는 방법을 알려준다. 이 책은 디지털 기기를 차단하여 정보 없는 세상에서 살자는 급진적인 주장을 펼치지 않는다. 대신 우리의 소중한 시간과 주의를 쏟을 가치가 있는 정보의 근원과 형태에 철저히 의식을 기울일 수 있도록 도와준다. 즉, 귀마개가 아닌 보청기 역할을 하는 것이다.

이 책은 우리가 곧이어 울릴 '딩동' 소리가 아닌 계획한 일에 제대로 집중하는지 시험하는 동시에 우리에게 격려의 말을 건네고 있다.

— 마이크 벡텔 Mike Bechtel
딜로이트의 미래학자,
노터데임대학교 기업혁신과정 교수

프롤로그

홍수를 막을 수 있는가?

가장 좋은 방법은 그 자리에서 빠져나오거나 안전하게 물에 뜨는 배를 찾는 것이다. 우리는 역사적으로 매우 불안한 시대를 살고 있다. 정보가 이익이 아닌 위협에 가까운 시대를 살고 있다.

우리는 이 사회를 벗어날 수 없다. 그렇다면 어떻게 해야 이 상황에 휩쓸리지 않고 잘 대처할 수 있을까?

2013년 『브리프: 간결한 소통의 기술』을 쓸 당시 나는 사람들이 명확하고 간결하게 소통할 수 있도록 돕는 일에 많은 관심을 쏟고 있었다. '요점을 말할 수 없으면 말하지 말라'가 기본 원칙이었다.

지난 몇 년간 '더 적은 것이 더 좋다'는 메시지를 퍼트리는 데 몰두하면서 간결함을 요구하는 사회 분위기가 무엇을 뜻하는지 깨달았다. 바로 정보에 너무 쉽게 접근할 수 있는 환경이 이제는 우리에게 부담을 안겨준다는 것이다.

모든 소리가 무의미한 소음처럼 들린다. 집중력 저하는 정말로 심각한 문제다. 사람들의 주의집중 시간이 갈수록 줄어들고 있다. 절대 웃어넘길 문제가 아니다. 중요한 일에 집중하고, 우리를 잠식하는 소음을 차단하는 것이 점점 더 어려워지고 있다.

이 문제의 핵심은 동전처럼 두 가지 측면이 있다.

확실히 첫 번째로 중요한 것은 군살을 없애는 간결함의 기술이다. 이 기술을 기본적인 적응 전략이라고 생각하라. 즉, 다른 사람이 내 말을 차단하기 전에 핵심을 빠르게 말하는 것이다.

나머지는 항상 연결되어 있는 삶에서 끊임없이 발생하는 소음을 차단하는 기술이다. 정보가 범람하는 시대에 우리는 어떻게 집중력을 유지할 수 있을까?

나는 간결하고 수준 높은 의사소통 기술을 개발하며 문제의 한쪽 측면이 나아지는 모습을 보자, 우리가 더 큰 싸움에서 지고 있는지도 모른다는 생각을 했다.

이 책의 핵심은 알람을 끄는 것이다. 세상은 소음으로 귀가 멀 지경이다. 우리는 정보화 시대가 그리는 장밋빛 미래에서 너무 멀리 나가버렸으며, 정보에 사로잡힌 나머지 우리의 존재마저 위협받고 있다.

다음은 앞으로 우리에게 펼쳐질 암울한 미래다.

- 관리자들은 직원들과 소통하는 방법을 모른다.
- 리더들에겐 산만한 직원들을 규합할 방법이 없다.
- 부부들은 배려 없이 자기 할 말만 하고, 이로 인해 관계가 나빠진다.
- 아이들은 부모의 말을 계속 무시한다.
- 부모들은 아이들의 말에 집중하지 못한다.
- 스포츠를 좋아하는 팬들도 경기를 잘 챙겨 보지 않는다.
- 판매 전문가들은 고객이 정말 무엇을 원하는지 이해하지 못한다.
- 뇌는 영양가 없는 정보를 소비하며 하루하루를 낭비한다.
- 발전, 통찰, 학습이 지지부진하다.
- 우리는 모두 점점 더 고립된다.

정보화 시대를 살아가는 우리의 삶은 거대한 해일 앞에 서 있는 것처럼 위태롭다. 견고하고 단단하며 오래 견딜 수 있는 것을 붙잡아야 위기에서 살아남아 삶을 이어갈 수 있다. 무의미한 정보와 끝없는 소음에 굴복하면 바다로 휩쓸려 나가 영원히 돌아오지 못할 것이다.

'정보 비만infobesity'은 미래 세대에게 심각한 위협이다. 어쩌면 그 위협이 영원히 계속될 수도 있다.

지금 내게 가장 중요한 점은 이 재앙에서 살아남을 수 있도록 사람들을 돕는 것이다. 나는 지난 몇 년간 모두의 집중력이 크게 무너지는 모습을 너무 많이 지켜보면서, 서로 소통하고 관계 맺는 능력을 위협하는 사회적 변화를 사람들이 의지와 관심을 가지고 견딜 수 있게 도와주고 싶다는 생각이 들었다.

우리를 인간답게 하는 자질을 잃어버려선 안 된다.

사회적 관점에서 보면 우리가 화면, 디지털 기기, 각종 소음과 방해에 중독될수록 집중력도 같이 떨어진다. 가치가 거의 없는 쓸모없는 정보를 소비하면서 정신적으로 무기력해진다.

이것은 우리 삶을 영원히 바꿔버릴 수 있는 거대한 문제다. 끊임없이 정보를 소비하면서 서로에게 귀를 막고 살아갈 것인가? 내가 이 책을 쓴 이유가 바로 여기에 있다. 삶의 모든 영역이 소음으로 가득 차 익사하기 직전인 현실에서 우리는 어떻게 적응할 수 있을까?

이제는 소음을 줄여야 할 때다.

이 책의 구성

	Part 1	Part 2	Part 3	Part 4	Part 5
질문	왜?	왜 걱정해야 하지?	어떻게 개선할 수 있을까?	어떻게 다른 사람들을 도울 수 있을까?	그다음에는?
제목	우리는 왜 이렇게 산만해졌을까	집중력 저하는 어떻게 삶을 무너뜨리는가	깨어 있는 뇌	간결함의 기술	소음을 제거하는 작은 습관
요약	소음, 소음, 온통 소음투성이	정신을 번쩍 들게 할 이야기	의식에 집중하고 알아차려라	다른 사람들의 집중력 향상을 도와라	매일 실천하는 집중 유도 습관
내용	우리 뇌는 정보의 폭격을 맞고 있으며, 소음은 사회 전반적으로 심각한 영향을 끼치고 있다.	우리는 각자의 삶에서 끊임없이 정보 과부하의 영향을 느낀다.	우리는 언제 어떻게 주의력을 통제할지 결정하고 관리할 책임이 있다.	빠르게 긴장을 풀 수 있는 실용적인 방법을 제시함으로써 주변 사람들을 도울 수 있다.	라디오 주파수를 미리 설정해놓듯이 집중 유도 습관은 당신이 곧바로 집중할 수 있게 한다.
당신의 감정	호기심		매료		몰입
핵심 내용	정보를 소비할수록 우리가 얻는 것은 줄어든다.	정보 비만은 반드시 해결해야 하는 심각한 사회 현상이다.	우리의 뇌를 회복할 수 있는 간단한 방법이 있다.	우리는 사람들이 집중력을 개선하는 방식에 영향을 미칠 수 있다.	우리는 명확성과 자제력으로 소음을 줄일 수 있다.

이 책의 활용법

이 책은 쉽게 집중하면서 읽을 수 있게 구성되어 있다. 생각을 더 깊이 발전시키거나 짧은 휴식과 동시에 통찰력을 얻을 수 있도록 의도적으로 중간중간에 쉬어가기 코너를 넣었다. 다음은 각 코너에 관한 간략한 설명이다.

주목! 한마디

본문의 핵심을 요약한 이 코너는 소음의 방해로부터 자신을 지키고 계획적으로 집중하는 방법을 상기시켜준다. 글의 길이는 매우 짧지만 명확성, 집중력, 마음의 평화와 평온함에 도움이 될 만한 유용한 방법들을 제시한다.

• FOCUS •

이 글은 한 지면을 전부 차지하며 소음을 줄이는 방법을 집중적으로 다루는 특별 코너다. 혁신적인 인물, 출간된 작품, 주의력 향상에 도움을 줄 핵심 아이디어 등을 망라한다. 글마다 우리가 해당 문제를 곰곰이 생각해봐야 하는 이유를 명확히 밝혀두었다.

차례

PART 3
깨어 있는 뇌

PART 4
간결함의 기술

PART 5
소음을 제거하는 작은 습관

NOISE

· PART 1 ·

우리는 왜 이렇게 산만해졌을까

· 01 ·

소리와 소음을 구분할 수 있는가

우리는 모두 온종일 어떤 방식으로든 연결되어 있다.

스마트폰, 노트북 컴퓨터, 태블릿 PC, 스마트워치부터 자동차, 공항, 주유소, 교실, 사무실, 병원, 호텔에서 보는 화면까지. 게다가 뉴스 알림은 24시간 내내 울린다. 이것이 다가 아니다.

잠깐, 방금 책의 흐름을 놓치진 않았는가? 혹시 새로운 메시지나 뉴스 알림을 받았는가?

우리는 매 순간 정보를 소비하며 살고 있다. 아침부터 밤까지 쏟아지는 정보 세례를 피하기란 거의 불가능하다. 그중 유의미한 것은 얼마나 될까? 무엇이 우리에게 유용한 정보고, 무엇이 시간과 에너지 낭비에 불과할까?

우리 뇌는 열심히 일한다. 그런데 집중하려 애쓸수록 어느 때보다 쉽게 산만해진다. 우리의 주의집중 시간은 급속도로 줄고 있다. 현재 우리는 위기에 빠졌다. 지난 몇 년간 이런 상황에 익숙해지다 보니 사람들은 대부분 주의력이 떨어지고 있다는 사실조차 깨닫지 못한다. 문자메시지, 이메일, 모임 초대, SNS 게시글, 웃긴 동영상 등 계속 업데이트되는 오락거리에 정신이 팔려 있기 때문이다.

정보 비만은 뉴노멀new normal이 되었으며, 이는 심각한 부작용을 낳을 수 있다. 우리가 어떻게 정보를 소비하는지 간단히 살펴보자.

- 차고 넘치는 이메일 받은 편지함은 메시지들로 흘러넘치지만, 대부분은 무의미한 정보다. 그래도 우리는 계속 오는 메일을 읽고, 필요 없다고 판단되면 삭제하는 일을 반복한다.
- 스마트폰 알림 스마트폰에서 진동이나 알람이 울리면 핸드폰을 집어 들어 내용을 확인하는 일을 하루 종일 계속한다.
- 디지털 기기 확인하기 대다수가 일어나자마자 그리고 잠들기 직전까지 매일 하는 일이다.
- 실시간으로 SNS에 접속하기 우리는 개인 계정과 업무 계정을 막론하고 최신 글과 정보에 뒤처질까 두려워 몇 초 간격으

로 공유되는 실시간 이슈와 뉴스토픽을 모두 확인하려고 애쓴다.

- 24시간 연결된 삶 우리가 자는 동안에도 정보는 멈추지 않고 이동하며 온갖 기기에서 언제든지 소비될 수 있다.
- 문자메시지 주고받기 실시간으로 소통할 수 있지만, 메시지의 수신과 발신을 거부하기 힘들다.
- 광란의 뉴스피드 사건이 터지면 미디어는 대중이 질릴 때까지 광적으로 기사를 내보내고, 반복·재사용·재생산을 거듭하며 논쟁을 일으킨다.
- 온라인에서 소비되는 시간 정보가 흘러넘치고 이를 계속 소비하는 시대에는 오프라인보다 온라인에서 보내는 시간이 훨씬 많다.

이 모든 현상이 멈추지 않는, 앞으로도 멈추지 않을 소음처럼 느껴진다. 이렇게 온종일 알람이 울려대는 상황에 노출되면 우리는 심각한 충격을 받을 수 있다. 언제든 정보에 접근할 수 있는 생활 속에서 우리는 집중하는 시간의 부족과 함께 뇌의 과민이나 과부하라는 문제에 당면해 있다.

어떻게 이 새로운 현실에 잘 적응해 살아갈 수 있을까?

청력 감퇴와 집중력 저하의 상관관계

컨트리 가수 케니 체스니Kenny Chesney는 현 상황에 대한 비통한 마음을 「소음noise」이라는 노래에 절절히 담아냈다. 우리 사회가 너무 많은 소음에 둘러싸여 침묵이 들어설 공간이 없는 끔찍한 세상이 되었다고 이야기한다. 원하지 않아도 우리는 화면 속에서 쉴 새 없이 이야기를 쏟아내는 사람들과 집중력을 방해하는 디지털 기기의 폭격을 맞고 있다. 그러나 이젠 도망갈 수조차 없다.

시카고에서 대학을 다니던 시절, 매 강의 첫 수업마다 공익광고에 나올 법한 내용을 혼자 열정적으로 말씀하시던 예수회 철학과 노교수님이 기억난다. 교수님은 시끄러운 음악이 곧 우리의 청력을 위협할 것이라고 경고했다. 그때가 1980년대였는데, 소니 워크맨Sony Walkman과 같은 휴대용 음악 기기의 등장과 함께 대형 카세트 라디오와 록 콘서트가 크게 유행했다. 교수님은 광범위한 연구 자료를 근거로 음악을 너무 크게 들으면 다들 귀가 안 들릴 수 있다며 진지하게 걱정했다. 게다가 한번 잃은 청력은 영원히 되찾을 수 없다고 강조했다.

정말 유감이다.

청력 상실과 집중력 저하는 밀접한 관계가 있다. 음악을 크게 들으려면 볼륨을 높여야 하고, 그렇게 끊임없이 정보가 주입되면 뇌가 집중하는 시간도 길어진다. 그러나 청력과 기억력에는 한계가 있다. 시끄러운 소리는 청력에, 정보 과부하는 주의력에 영향을 미친다.

정말 최악의 상황이다. 이 끔찍한 상황이 우리 미래에 어떤 결과를 가져올지 한번 살펴보자.

모든 것에 접근하는 시대

잡지《와이어드》의 공동 창간자이자 정보통신 산업의 미래를 선도하는 사상가인 케빈 켈리Kevin Kelly는 1990년 초반 최초로 가상현실 회의를 개최했다. 켈리는 자신의 책『인에비터블 미래의 정체: 12가지 법칙으로 다가오는 피할 수 없는 것들』에서 앞으로 다가올 세상을 그리고 있다.

그는, 미래에 사람들은 물건을 거의 소유하지 않는 대신 모든 것에 접근할 수 있다고 예측한다.

책에서 켈리는 다음과 같이 언급한다. "앞으로 30년 동안 탈물질화, 탈중심화, 동시성, 플랫폼, 클라우드라는 추세는 조금도 수그러들지 않을 것이다. 기술의 발전으로 정보통신비와 컴퓨터 가격이 계속 내려가는 한 이 흐름은 피할 수 없다. 이는 사람들이 언제 어디서나 접속할 수 있게 정보통신망이 전 세계로

뻗어 나간 결과이며, 통신망이 더 깊숙이 파고들수록 물질은 점차 정보로 바뀌게 된다."

사는 곳은 중요하지 않으며, 누구든지 정보에 접근할 수 있게 될 것이다.

다른 업계의 리더들도 다음과 같이 전망한다.

인터넷 접근성이 보편화할 것이다. 접속 상태를 유지하며 특정 사이트에 로그인할 필요도 없게 될 것이다.

자동차는 완벽하게 인터넷에 연결되고, 자율주행차 덕에 운전자들은 운전 중 훨씬 더 많은 시간을 인터넷에 접속하여 소통하는 일에 쓸 것이다.

인터넷과 앱으로 생활에 필요한 모든 일을 처리할 수 있게 되면서 디지털 정보 접근성은 요금 결제부터 직장 생활, 개인 활동, 의료 서비스에 이르기까지 삶의 전 영역에 필수 요건이 될 것이다.

사생활 보호는 추가로 대가를 치러야만 보장받을 수 있을 것이다. 우리가 정보를 찾는 대신 정보가 온종일 시도 때도 없이 우리를 찾을 것이다.

이 중 몇 개는 벌써 현실로 나타나기 시작했다.

주의집중 시간이 줄어들고 있다

우리의 관심을 끌기 위한 정보 간 경쟁이 치열해지고 있다. 뇌는 주의가 분산되었다고 느끼지만, 우리는 왠지 모르게 이런 상황을 즐긴다. SNS 계정에 달린 댓글이나 '좋아요' 개수, 공유 횟수를 볼 때마다 보상받는 느낌이다. 온라인에서 일어나는 모든 유형의 실시간 반응('좋아요' 누르기, 클릭하기, 넘기기, 공유하기 등)은 우리 뇌의 도파민 분비를 증가시키고, 이는 계속 화면을 넘기고 클릭하고 스크롤을 내리도록 사람들을 부추긴다.

온라인 소통은 대부분 비대면인 데다 실시간으로 나타나고 바뀌는 반응의 지배를 받는다. 따라서 얼굴을 맞댄 소통은 점점 줄어들고, 이는 우리의 사고방식과 소통 방식에도 영향을 미친다. 사람은 기계처럼 반응하지 않기 때문에 사람에게 집중하기가 점점 더 어려워진다. 기기와 애플리케이션에서 이뤄지는 상호작용은 인간관계를 흉내 낸 것일 뿐 진짜 소통이라 보기 어려움에도 친구가 많다거나 인맥이 풍부하다는 착각을 불러일으킨다.

우리가 소음을 소비하면 할수록 진실하고 진정한 인간관계는 찾기 힘들어진다.

디지털 기기의 방해가 계속되면 산만해지지 않고 눈앞의 일에 집중하기가 매우 어려워진다. 멈추지 않는 방해, 끊임없이 주의를 분산시키는 소음, 반복되는 집중력 저하로 리더들은 긴 시간 전략 목표에 몰입하고 집중하는 일에 어려움을 겪을 것이다. 리더가 이를 빨리 바로잡지 않으면 일에 흥미를 잃은 직원들이 관심을 다른 곳으로 돌릴 확률 역시 높아진다. 학부모와 교사도 같은 문제로 고생할 것이다.

영양가 없는 정보로 가득 찬 뇌

정말이지 쓸모없는 정보를 좇아 소비하는 게임이나 다름없다. 진짜 중요한 핵심에는 절대 다가가지 못한다. 표면적인 정보만 소비하기 때문이다. 표면을 훑는 데 엄청난 시간을 낭비할 뿐 절대 알맹이를 얻지 못한다.

이는 온종일 다이어트 콜라와 팝콘을 먹는 것과 같다. 끼니마다 제대로 된 음식을 섭취하지 않는다면 우리 몸은 허약해지고 병에 걸리고 만다. 사람들이 하루를 대부분 온라인에서 보내거나 게임을 하고 소셜미디어를 이용할 때 벌어지는 일이기도 하다. 정보통신 기술이 점점 더 일상을 파고들고 영양가 없는 일에 뇌를 쓸수록, 우리는 정신적으로나 정서적으로 공허해진다. 포만감을 느낄 순 있어도 뇌에 전달할 영양분은 거의 없다. 우리는 고립감, 좌절감, 허기를 느끼게 된다.

소음에 주의를 빼앗기면 집중력이 분산되고 뇌 기능이 떨어지기 시작한다. 언제 어디서든 정보에 접근할 수 있게 되면서 우리 뇌는 건강한 식사보다는 군것질거리를 계속 찾고 있다. 우리는 실속 있는 몇 가지 핵심 정보에 집중하지 않고 아무런 영양가 없는 수많은 쓰레기를 야금야금 먹고 있다.

집중력을 쉽게 잃는 것도 모자라 산만함에서 벗어나기는커녕 산만해지는 습관을 들이고 있는 셈이다.

이때 우리 뇌는 무의미한 정보를 소화한 보상을 얻기 위해 사고 회로를 통째로 바꾸기 시작한다. 의미 있는 정보로 가득 차 있다고 끊임없이 자신을 속이는 것이다. 실제로는 쓸모없는 정보를 소비하며 스스로 수준을 떨어뜨리고 있다. 소음에 중독된 뇌는 영양가 없는 무의미한 정보로 가득 채워지고 있을 뿐이다. C. S. 루이스C. S. Lewis의 소설 『사자, 마녀, 그리고 옷장The Lion, the Witch and the Wardrobe』에서 주인공 에드먼드는 거부할 수 없는 마법의 사탕인 터키쉬 딜라이트turkish delight를 먹지만 결코 만족하지 못한다. 소음도 똑같은 중독성이 있다.

이 모든 요소와 그 폐해가 우리 주위는 물론 우리 안에서도 무서운 속도로 나타나고 있다. 쉴 새 없이 온갖 소음을 소비해 온 우리는 집중력 상실이라는 위험을 눈앞에 두고 있다. 언제 어디서든 정보 접근이 가능해지면서 끊이지 않는 소음이 발생하고, 이것이 우리를 고립시키고 주의집중력을 떨어뜨리고 있다. 이는 실제 상황이며 우리 모두를 해치고 있다. 집중력이 떨어진다고 한번 생각해보라. 다른 누구도 아닌 나의 뇌에 관한 문제다. 우리는 진짜 위험에 빠졌다.

· 02 ·

당신이 보고 듣는 대부분이 소음이다

우리는 모두 '한 귀로 듣고 한 귀로 흘린다'라는 표현에 익숙하다. 이 말은 정보를 차단하려는 성향을 잘 보여준다.

이 표현은 어디서 유래했을까? 문헌상으로는 14세기 말 영국 문학의 아버지 제프리 초서Geoffrey Chaucer가 쓴 장편 시 「트로일로스와 크리세이데Troilus and Criseyde」에서 처음 사용되었다고 한다.

고대 영어로 쓰인 원작을 각색하면 다음과 같다.

친구가 슬픔으로 죽게 될까 두려워

도와주려는 마음으로 그는 이런 말을 한 것이었다.

친구의 슬픔을 확실하게 덜어줄 수 있다면

허튼소리도 그는 상관하지 않았다.
그러나 슬픔으로 죽기 일보 직전인 트로일로스는
그의 말에 거의 신경도 쓰지 않았으니
한 귀로 듣고 한 귀로 흘려보냈다.

우리는 초서의 글에 전적으로 공감할 수 있다. 누구나 일부러 정보를 차단하거나 선별해서 들은 경험이 있기 때문인데, 그 이유는 사람마다 다르다.

왜 우리는 정보를 차단할까?

우리가 어떤 상황에서 대화를 포기하는지 주요 사례를 한번 살펴보자.

- **"저랑은 상관없는 이야기 같아요"**

이 반응은 주로 나와 관련 없는 이야기를 들을 때 나타난다. 나에게 의미 없는 정보라는 확신이 들면 집중할 필요가 없다. 자녀가 있는 경우 아이들에게 저녁 먹고 설거지하라고 말하면 이렇게 반응할 것이다. "나를 콕 집어서 말한 건 아니니까. 엄마 아빠 말이 들리지도 않았는걸."

• "딴생각하느라 완전 멍하게 있었어요"

짧은 순간이라도 잡생각이 들기 시작하면 귀에 들어오는 말은 순식간에 사라진다. 뇌가 상상의 나래를 맘껏 펼칠 수 있는 외딴곳에 가 있기 때문이다. 이 반응은 사람들이 장시간 회의에 꼼짝없이 갇혀 있다가 번뜩 정신을 차린 후 회의 내용을 한 글자도 듣지 못했다는 사실을 깨달을 때 나타난다. 기내 안전 방송을 들으며 머릿속으로 딴생각을 할 때도 같은 반응을 보인다.

• "그 사람 의견에 절대 동의하지 않아요"

실제로 정보 차단은 타인의 의견에 반대하거나 독특한 관점에 공감하지 않을 때 바로 일어난다. 다른 사람들이 우리 생각이 틀렸다고 주장할수록 우리는 사람들의 말을 더 빨리 차단한다. 정치 토론과 마찬가지로 라디오 토론 프로그램에서 말싸움을 들을 때도 이 같은 반응이 나타난다.

• "무슨 말인지 전혀 이해가 안 돼요. 제 이해력이 달리나 봐요"

전문가가 해당 주제로 열변을 토하며 머리 아플 정도로 자세하게 파고들면 저도 모르게 대화에서 빠져나오려 할 것이다. 전문가의 말이 거의 이해할 수 없는 외국어처럼 들리는 건 당연하다. 전문가의 말에 집중하려고 애써봤자 해당 주제에 대한 이해력이 얼마나 부족한지 뼈저리게 깨달을 뿐이다. 고등학교 과학 수업도 겨우 들은 사람에게 물리학 대학원생이 박사학위 논문을 설명한다고 상상해보라.

- **"듣는 게 너무 괴로워서 무시하기로 했어요"**

뭔가를 듣거나 읽은 후 두통이 찾아온다면 그 통증은 참기 힘들다. 말하는 사람이 두서가 없거나 불평만 쏟아놓으며 누군가를 비난하거나 혹은 그냥 모든 게 엉망일 때 머리가 아프다. 실제로 침묵을 지키며 그들이 만들어내는 '소음'에서 벗어나는 일은 짜릿하기까지 하다.

- **"이미 다 알고 있어요"**

모든 걸 다 알고 있는 사람과 나누는 이야기가 재미있을까. 말을 이어가다 말고 도중에 마쳐야 하는 순간만큼 무력할 때도 없다. 그들은 이미 답을 다 알고 있다. 대화의 주도권을 빼앗겨 상대만 일방적으로 말하는 상황에서는 대화가 이어진다 해도 우리가 할 수 있는 역할은 거의 없다.

- **"훨씬 더 중요한 일을 생각하느라 여유가 없었어요"**

머릿속이 어질러진 집을 청소하거나 복잡한 업무 또는 향후 커리어에 영향을 미칠 중요한 행사 기획과 같은 시급한 문제를 처리하느라 복잡할 때가 있다. 그때는 현재 신경 쓰는 문제와 관련 없는 말은 무엇이든 귀에 잘 들어오지 않는다. 몇 분 뒤 있을 상사와의 면담으로 마음이 심란할 때 누군가가 주말 무용담을 늘어놓는다고 가정해보라. 아마도 한 귀로 듣고 한 귀로 흘려버릴 것이다.

위의 예시들은 무엇을 의미할까? 우리 뇌는 여러 이유로 다양한 상황에서 주어지는 모든 일을 처리할 수 없다. 훨씬 더 많은 이유가 있을지 모르겠으나, 위의 일곱 가지가 대표적이다.

뇌가 딴생각을 할 수 있는 이유

우리는 누군가와 대화하거나 이메일을 읽으면서 동시에 머릿속으로 같은 주제 혹은 완전히 다른 주제로 혼잣말을 할 수 있다. 이는 마음속으로 하는 독백과 다름없다. 누구에게나 이 현상은 나타난다. 상대방이 지루하거나 복잡하고 나와는 상관없는 이야기를 할 때 자신이 무슨 생각을 하는지 떠올려보라.

브리프랩(BRIEF Lab, 저자가 설립한 커뮤니케이션 연구소로 전문가나 기업 임원들을 대상으로 컨설팅을 진행한다-옮긴이)에서는 친한 친구이자 노련한 커뮤니케이션 전문가 샤론 엘리스Sharon Ellis가 내게 알려준 '숨어 있는 600단어'를 핵심 개념으로 가르친다. 뇌는 1분에 약 750단어를 처리하는 반면, 사람은 평균적으로 1분에 약 150단어를 말하거나 읽는다는 엘리스의 설명을 들었을 때 나는 큰 충격에 빠졌다. 즉, 우리 뇌는 1분에 600단어를 초과로 처리하는 셈이다.

이 원리를 설명하면 사람들은 고개를 끄덕인다. 모두가 지금 하는 일에 집중하지 않고 다른 곳에 정신이 팔린 경험을 해봤지만, 이를 설명해줄 마땅한 용어가 없었다. 사람들은 이미 알고 있던 사실을 새삼스럽게 깨달은 듯 보였다.

엘리스에 따르면, 누군가의 이야기를 듣는 동안 뇌는 우리에게 상당히 구체적인 말을 건네기 시작한다. 어느 순간 우리는 그 말에 빨려 들어간다. 이를테면 "이거 중요한 이야기니까 들어봐", "정말 흥미롭군", "방금 내가 본 게 다람쥐 맞아?", "점심으로 뭐 먹지?" 같은 식이다. 하지만 대부분은 바로 빠져나온다. "나한테 해당하는 이야기가 아니야", "전에 다 들은 말인데, 시간만 낭비했군", "사람들이 무슨 말 하는지 놓치는 바람에 따라갈 수가 없어". 우리가 어떻게 반응하건 숨어 있는 600단어는 존재하며, 우리는 이를 제대로 관리해야 한다.

우리가 처리하는 정보는 잘 정리되어 있지 않을 때가 많거나 적어도 뇌의 입장에서 따라가기가 쉽지 않다. 뇌가 작업을 멈추고 관심을 꺼버렸다면 정보가 너무 과하거나TMI 메시지를 명확하게 표현하려는 최소한의 노력도 없이 중구난방으로 전달했을 확률이 높다.

내가 『브리프』를 쓰게 된 이유 중 하나가 여기에 있다. 사람들이 명확하고 간결하게 정보를 전달할 수 있게 도와, 듣는 이의 숨어 있는 600단어를 통제하고 적절한 순간에 적절한 반응을 유도해 청중의 뇌가 최대한 옆길로 새지 않도록 하기 위해서다.

화상 회의 중 발표자가 갑자기 엉뚱한 이야기를 한다고 상상해보라. '철저한 분석을 거친' 정보라면 중요할지도 모르겠으나 이런 상황은 숨어 있는 600단어를 자극하여 이렇게 말하게 한다. "아, 저 사람이 하는 말은 어렵고 헷갈리고 요지가 뭔지도 모르겠어. 잠깐 커피나 마시고 와야겠다."

그러나 아주 간단한 방법으로 숨어 있는 600단어를 우리 편으로 만들 수 있다.

무의미한 단어는 정보 차단을 유발한다

정보 차단은 사람들이 상투적인 표현이나 전문 용어를 남발할 때도 나타난다. 우리는 매일같이 다음과 같은 문장들을 듣는다. “골대goalpost를 우리 쪽으로 옮겨야 합니다”, “우리 회사에 임파워링empowering이 필요합니다”, ”일단 구체적인 성과를 낸 다음 계산기를 두드려봐야지요”, “우리는 캐스케이딩cascading 원칙을 적용해 회사의 전략 목표를 직원들에게 효과적으로 전달하고 있습니다”, “유기적인 결합을 통해 시너지 효과를 창출할 방법을 찾아야 합니다”.

이런 화법은 우리 말을 무시하라고 사람들을 자극할 뿐이다. 숨어 있는 600단어는 이런 말을 잡음으로 취급한다. 게다가 이미 관심이 멀어진 사람들의 마음을 되돌려놓기란 거의 불가능하다.

강압적인 영업 방식과 설득은, 나는 물론 누구에게도 통하지 않는다. 내가 강연에서 하는 말이 있다. “영업하지 말고 이야기하듯 말하라”가 그것이다. 하루를 시작하면서 영업을 당하거나 의견을 강요받거나 다른 사람 말에 흔들리고 싶은 사람은 없다. 뇌는 그 즉시 정보를 차단하며, 다른 흥미로운 주제를 찾는 동시에 들어오는 정보를 밀쳐내는 식으로 숨어 있는 600단어에 방어 자세를 취하라고 명령한다.

누군가가 다가와 강압적으로 설득하고 이기려 든다면 뇌가 이에 저항하는 것은 물론 듣는 태도나 표정에도 변화가 생긴다. 역설적이게도 사람들을 설득하려 할수록 그들은 우리 말을 듣지 않는다. 통계상으로 영업사원의 신뢰도는 3퍼센트에 불과하며 열에 아홉은 그들을 싫어한다. 이는 우리가 누군가를 설득할 수 없다는 이야기가 아니라 애쓰면 애쓸수록 효과를 보지 못한다는 뜻이다. 듣는 사람의 집중력이 떨어지기 때문이다.

내 청력에 문제가 있는 걸까?

과도한 정보와 소음이 인간에게 어떤 영향을 미치는지 내 경험담은 잘 보여준다.

나는 가톨릭 집안에서 자랐다. 우리 집은 대가족이었고 나는 9남매 중 여섯째다. 주위에 어린아이들이 있는 대가족이 있다면 그 집이 얼마나 시끄럽고 정신없을지 잘 알 것이다. 내가 갓난아기였을 때 어머니는 내 청력에 문제가 있는 것 같다며 걱정했다. 내가 형제들의 말에 반응하지 않았기 때문이다.

어느 날 친척 한 명이 집에 놀러 왔다. 어머니는 의사인 그에게 나에 대한 걱정을 털어놓았다.

그는 어머니에게 신문이 있냐고 물었다. 질문을 받고 어머니는 잠시 당황했지만, 이내 그에게 신문을 건넸다. 그는 아기 침대로 다가와 몸을 굽힌 다음 내 귀에 신문을 갖다 대고 마구 구겼다. 나는 소리 나는 쪽으로 즉시 고개를 돌렸다.

그는 어머니에게 말했다. "조의 청력은 아무 문제 없어요. 그냥 주변이 너무 시끄러워서 그런 거예요. 소음에 면역이 생긴 셈이죠."

정보 과잉은 소음이다. 우리는 소음 폭격을 맞고 있으며, 소음은 우리에게 계속 부정적인 영향을 끼친다. 소음에 익숙해진 누군가는 이런 삶도 살 만하다고 느낄지 모르겠으나, 소음은 우리 귀를 멀게 하고 청력을 손상한다. 우리는 소음을 통제하고 완화할 방법을 찾아야 한다.

우리가 맞닥뜨린 가장 큰 위협은 뇌가 쉴 새 없이 정보 폭격을 당해 기능이 마비되고 있다는 것이다. 정보 차단은 언제라도 일어날 수 있으며 생산성을 떨어뜨리고 학업과 인간관계에도 악영향을 미친다. 무엇을 받아들이고, 의식 혹은 무의식적으로 무엇을 차단할지 기준을 세워야 한다.

· 03 ·

뇌의 구조가 바뀌고 있다

내 친구 척은 미 공군 수색구조대 대원이다. 그는 유능한 만큼 겸손하다. 주어진 임무를 수행하려면 척은 여러 가지 기술을 완벽히 익혀야 한다. 그의 임무는 전투 작전 수행부터 인명 구조와 부상자 지원까지 다양하며 주로 척박하고 고된 환경에서 이뤄진다. 이 직업을 유지하려면 계속 훈련을 받아야 하고, 어떤 순간에서도 작전 절차나 복잡한 응급 처치 기술과 같은 핵심 정보를 기억해낼 수 있어야 한다.

어느 날 척은 하룻밤을 버티기 위해 혹독한 추위 속에서 눈 동굴을 파는 훈련 경험담을 나에게 들려주었다. 또 다른 날에는 각종 낙하산 장비에 관해 설명했다. 새로운 임무와 다양한 작전 상황에 대비하기 위해 척이 얼마나 많은 훈련을 받는지 알고 있었으므로 그에게 집중력을 잃지 않는 비결을 물어봤다.

척은 이렇게 대답했다. "조, 그건 빙산에 올라가 있는 펭귄과 같아. 한 번에 정해진 수만큼의 펭귄들만 빙산에 올라갈 수 있지. 새로운 기술을 배우면 뚱뚱한 펭귄은 반대쪽으로 떨어지게 돼. 그럴 수밖에 없어."

핵심 정보를 집중해서 받아들이고 되새기는 능력은 모든 상황에 대비하고, 부대의 구호인 '다른 이들이 살아남을 수 있게' 행동해야 하는 척에게 꼭 필요한 역량이다.

기억력을 담당하는 뇌의 변화

알고 말했는지 아닌지 모르겠으나 척은 소음과 정보 비만이 우리 뇌에 어떤 영향을 끼치는지 설명해주었다. 우리 뇌는 영향을 받고 있을 뿐 아니라 바뀌고 있으며, 태어날 때부터 과도한 정보에 노출되는 어린아이들의 뇌는 특히 더 그렇다.

평균 무게가 약 1.4kg에 불과한 인간의 뇌에는 커다란 컴퓨터 역할을 하는 신경세포가 천억 개 정도 있다.

뇌는 대뇌, 뇌간, 소뇌 등 세 부분으로 나뉜다. 대뇌는 의식과 무의식을 관장하며 말하기와 듣기를 제어한다. 뇌간은 정보를 척수로 전달하며 안구 운동과 얼굴 근육을 관장한다. 소뇌는 걷기와 같은 복잡한 운동 기능을 제어한다.

대뇌는 우리의 집중력과 기억력을 담당하는데, 기억에는 장기 기억, 단기 기억, 작업 기억 등 세 가지가 있다. 그중 정보 비만 시대에 단기 기억과 작업 기억에 변화가 일어나고 있다.

단기 기억과 작업 기억은 밀접하게 연결돼 있다. 업무 프레젠테이션이나 상사의 말에 집중할 때, 아이들을 축구 학원에서 몇 시에 데려와야 하는지 또는 지갑을 어디에 뒀는지 기억해낼 때와 같이 우리는 일상의 많은 부분을 이 두 기억력에 의지한다. 게다가 문자메시지, 이메일, SNS 알림과 더불어 매일 우리의 집중을 방해하는 것들도 이 두 기억력에 영향을 미친다.

작업 기억의 쇠퇴

작업 기억은 뇌에서 컴퓨터의 임의 접근 기억 장치RAM와 같은 역할을 하므로 여기서는 작업 기억을 집중적으로 다루려 한다. 간단히 정의하면, 작업 기억은 정신 작용, 분석, 의사 결정을 위해 정보를 저장하고 관리하는 단기 기억의 한 부분이다. 램 메모리처럼 작업량이 과도하게 몰리면 처리 능력이 떨어질 수도 있다.

이를 쉽게 이해하려면 한 번에 숫자를 몇 개까지 기억할 수 있는지 생각해보라. 몇 년 전까지만 해도 사람들은 단위가 큰 숫자들도 무리 없이 기억할 수 있었지만, 지금은 핸드폰 번호와 주소 외우기에도 벅차다. 한 연구에 따르면, 집중을 방해받을 때 우리 기억은 백지상태가 된다. 투쟁 혹은 도피 반응fight-or-flight response의 결과인데, 이는 위험 상황에 즉시 대처해야 했던 시대에서 비롯되었다.

컴퓨터를 켠 다음 상당한 처리 능력을 요구하는 소프트웨어 앱 여러 개를 계속 클릭한다고 가정해보자. 램 메모리는 작업량을 감당할 수 없어 속도가 느려질 것이다. 집중력이 필요한 두뇌 작용도 이와 같다. 방해는 새로운 애플리케이션을 여는 것과 마찬가지여서, 주의력 결핍을 초래하는 만큼 뇌는 한 번에 두 가지 혹은 그 이상의 일을 처리하느라 속도가 점점 느려진다.

직장에서 집중력 방해는 일상이다. 방해받은 직원들은 업무를 마치기까지 오랜 시간이 걸린다. CBS 뉴스에서 진행한 연구에 따르면, 3초만 집중을 방해해도 사람이 실수할 확률은 두 배로 커지며 덩달아 불안감도 배가 된다. 라이프해커닷컴Lifehacker.com에서 글을 쓰는 크리스틴 웡Kristin Wong은 방해받은 사람이 다시 일에 몰입하기까지는 약 25분이 걸린다고 말한다.

몇 년 전 스웨덴의 소프트웨어 회사인 코그메드Cogmed와 긴밀하게 마케팅 업무 협업을 진행했었다. 당시 코그메드 사社는 훈련을 받으면 잃어버린 작업 기억력을 되찾을 수 있다는 사실을 증명하기 위해 광범위한 연구를 수행 중이었다. 코그메드의 프로그램과 연구 자료들은 꽤 흥미로웠는데, 사람들이 성공의 핵심 역량인 집중력을 다시 기를 수 있게 도와주었기 때문이다.

이메일, 문자메시지, SNS, 24시간 뉴스가 끊임없이 쏟아지는 환경에서 더 많은 일을 해내고자 우리는 멀티태스킹에 뛰어난 사람이 되려 한다. 한 번에 여러 가지 일을 처리할 수 있다고 믿는 것이다. 하지만 스마트폰을 항상 옆에 끼고 다니는 한 우리는 언제든지 방해받을 수 있다. 집중은커녕 생산성도 떨어진 상태로 수시로 이 일 저 일을 왔다 갔다 하는 것이다. 작업 기억력의 차이가 결과의 차이를 만든다.

뇌의 속도가 느려지는 이유

우리 뇌를 컴퓨터로 생각하면 이해가 쉽다. 작업 기억이 다룰 수 있는 양보다 더 많은 정보를 처리할 때 우리 뇌는 느려진다. 자주 무언가를 잊어버리고 생산성이 떨어지며 머릿속에 안개가 잔뜩 낀 듯한 느낌을 받는다.

우리 집 아이들은 내 스마트폰을 볼 때마다 나를 놀린다. "아빠, 앱을 몇 개나 열어놓았는지 좀 봐봐요." 나는 항상 닫는 걸 깜빡했다고 대답한다. 나는 핸드폰 속도가 느려지는 것을(가끔 먹통이 되기도 한다) 인지하지 못한다. 열어놓은 앱을 닫으면 핸드폰 속도가 빨라지고 더 잘 돌아가는 건 당연하다. 우리 뇌도 똑같다.

작업 기억에서 무슨 일이 벌어지고 있는지 알 수 있는 또 한 가지 방법은 핸드폰 번호와 같은 일련의 숫자들을 얼마나 기억할 수 있는지 따져보는 것이다. 보통 핸드폰 번호는 9자리인데, 10자리 혹은 11자리인 국가도 있다.

연구에 따르면 작업 기억이 한 번에 기억할 수 있는 숫자는 7자리에 불과하다. 공군인 척의 말마따나 펭귄들은 하루 종일 빙산에서 떨어지는 셈이다.

단축 번호를 누르거나 연락처, 통화 기록을 보지 않고 마지막으로 핸드폰 번호를 외웠을 때가 언제인가? 새로운 사람을 만나는 자리에서 그들이 자신의 이름을 말해줘도 돌아서면 잊어버리지 않는가?

이름이나 전화번호 외우기 등 사소한 일을 기술에 의존할수록 기억력이 나빠지는 듯하다.

과거 우리는 이런 자잘한 일들을 매 순간 고도의 집중력을 발휘하여 처리하곤 했다. 물론 나이가 들면 기억력은 자연스럽게 떨어진다. 하지만 과학자들의 연구 결과, 우리가 핸드폰 번호, 주민등록번호, 친구네 집 주소 등을 한 번에 기억하지 못하는 것은 뇌가 받아들이는 정보가 너무 많기 때문이다.

우리의 집중력은 쇠퇴하고 있다.

마약보다 해로운 멀티태스킹

주의집중력뿐만 아니라 충동 조절 능력까지 잃어가고 있다. 대니얼 J. 레비틴Daniel J. Levitin의 저서 『정리하는 뇌: 디지털 시대, 정보와 선택 과부하로 뒤엉킨 머릿속과 일상을 정리하는 기술』에 인용된 연구에 따르면, 멀티태스킹은 분산된 주의력에 대한 보상으로 도파민 중독 회로를 생성한다. 다시 말해, 우리는 도파민을 분출시킬 새로운 자극에 항상 목말라 있으므로 집중력을 잃은 대가로 도파민을 보상받는 것이다. 우는 아기를 달랠 때 밝은색의 반짝거리는 장난감을 흔들면 아기가 어떤 반응을 보이는지 생각해보면 이 과정을 더 쉽게 이해할 수 있다.

영국 런던 그레셤대학교의 심리학 객원 교수였던 글렌 윌슨Glenn Wilson은 멀티태스킹이 IQ 점수를 10점 정도 떨어뜨린다는 사실을 발견했다. 「마리화나보다 디지털 기기 중독인 인포마니아infomania가 IQ에 더 안 좋다」라는 기사에서 그는 마리화나를 피울 때보다 멀티태스킹을 할 때 인지 능력이 더 크게 떨어진다고 주장한다. 한 번에 여러 가지 일을 생각하거나 처리하는 뇌는 다람쥐가 자유롭게 머릿속을 뛰어다니는 상태와 같다. 항상 혼란이 뒤따른다.

매사추세츠공과대학교MIT의 신경과학자이자 분할 집중력divided attention 연구에서 권위를 자랑하는 얼 밀러Earl Miller 교수는 미국 공영 라디오 방송NPR의 「멀티태스킹 하려고요? 다시 생각하시길!」이라는 제목의 기사에서 다음과 같이 말한다. "우리는 멀티태스킹을 잘할 수 없다. 할 수 있다고 말하는 사람은 단단히 착각하는 것이다."

레비틴 교수는 이들 의견에 공감하며 "이메일, 페이스북, 트위터를 확인하는 행동도 명백히 중독이다"라고 말한다.

시간이 흐를수록 이 모든 방해 요소로 인해 주의집중력을 발휘하거나 무언가를 오랫동안 생각하기가 더욱더 어려워질 것이다.

도파민에 중독된 뇌

습관을 바꾸고 집중력을 향상하기 어려운 이유는 우리 뇌가 이미 방해 요소에 중독되었기 때문이다. 인기 있는 SNS 앱과 비디오 게임 몇 개만 찾아봐도 알 수 있듯이 기업들은 우리가 중독되기 쉬운 디자인의 애플리케이션과 디지털 기기를 개발해왔다.

디지털 기기와 애플리케이션은 도파민이라 불리는 우리 뇌 속 화학물질을 이용하고 있다. 잡지 《사이콜로지 투데이Psychology Today》는 도파민을 이렇게 정의한다. "두뇌의 보상과 쾌락 중추 조절에 도움을 주는 신경전달물질이다. 도파민은 운동과 감정적 반응 제어에도 도움을 주며, 보상을 추구하게 할 뿐 아니라 우리가 앞으로 나아가도록 이끈다."

도파민은 쾌락에 기반한 모든 감정의 근원이자 무언가에 중독되었을 때 증가하는 물질이다. 스마트폰은 행동심리학자 수전 웨인쉔크Susan Weinschenk가 말하는 '도파민 중독 회로'에 영향을 미친다.

"당신이 좋아하는 앱을 열어 피드를 볼 때 도파민 중독 회로가 활성화된다. 스크롤을 내리며 사진을 보거나 머리기사를 읽거나 링크를 타고 들어갈 때마다 중독 회로는 더욱 활성화되고, 당신은 더 많은 도파민을 원하게 된다. 만족에 이르기까지는 상당한 시간이 걸리며 어쩌면 영원히 만족하지 못할 수도 있다."

미국 정신의학협회에 따르면, 중독은 일상생활, 수면, 인간관계에 문제를 일으킬 정도로 어떤 물질을 과도하게 사용하는 행위다. 여기서는 인터넷, SNS, 뉴스피드, 문자메시지를 말한다. 통계를 보면 훨씬 더 충격적이다. 실제로 한 설문 조사에 따르면, 무려 응답자의 18퍼센트가 인터넷에 중독되었다.

페이스북 창립 멤버인 션 파커Sean Parker는 다음과 같은 유명한 말을 남겼다. "SNS가 우리 뇌에 어떤 영향을 미칠지는 오직 신만이 안다. 인기 앱과 게임들은 도파민 중독 회로라는 순환 고리를 통해 도파민 분비를 촉진하여 순간적으로 희열을 느끼게 하는 식으로 우리의 심리적 약점을 착취하고 있다."

• FOCUS •

디자인에 중독되다

중독 하면 흡연, 음주, 마약을 떠올리지만 새로운 중독이 나타났다. 스마트폰, 웨어러블 기기, 비디오 게임, SNS, 온라인 쇼핑 등은 전에 없던 기발하고 강력한 방법으로 우리의 주의를 빼앗기 위해 경쟁하고 있다.
애덤 알터(Adam Alter)는 저서 『멈추지 못하는 사람들』에서 중독을 유발하는 기술이 만연한 현실을 비판하고 있다. 마케팅과 심리학 교수인 알터는 새로운 중독 현상을 파헤칠 뿐 아니라 이면에 숨은 해당 산업의 실체까지 폭로한다.
"디지털 기술은 해당 기술을 이용해 대량 소비를 부추기려는 기업들에 휘둘리기 전까지는 도덕적으로 선하지도 악하지도 않습니다. 수많은 앱과 플랫폼이 풍부한 인맥 형성을 도와줄 목적으로 개발되었지만, 담배처럼 중독을 유발할 수 있죠."
알터는 행위 중독을 유발하는 여섯 가지 기본 요인(강박적인 목표, 거부할 수 없는 긍정 피드백, 나아지는 실력, 갈수록 어려워지는 난이도, 해결 욕구, 사회관계를 향한 욕망)을 은밀하게 내포하는 디자인에 관해 설명한다.
디지털 기술이 확실히 우리 삶을 편하게 해주지만, 그에 못지않게 굉장한 중독성을 자랑한다고 그는 덧붙인다.
"우리 삶은 더할 나위 없이 편해졌으나 편리함은 유혹을 무기로 삼고 있어요. 우리는 매달 약 100시간을 이메일 확인, 문자메시지 전송, 게임, 인터넷 서핑, 기사 읽기, 잔액 확인 등에 허비합니다. 이는 삶 전체로 봤을 때 평균 11년이라는 충격적인 시간을 낭비하는 꼴입니다."
알터는 모두가 잠재적 중독자라는 사실을 매우 설득력 있게 입증하는 동시에 행위 중독이 증가하는 현상과 그 이면에 존재하는 생물학적 원리와 기업의 의도를 굉장히 자세하게 분석하고 있다. 그는 심각한 어조로 강력한 근거를 내세우며 디지털 기기가 우리의 삶 구석구석을 파고들수록 이 유착 관계는 깨기 어렵다고 주장한다.

하루에 몇 번이나 스마트폰을 들여다볼까?

스마트폰 사용 시간은 가히 충격적이다. 스마트폰을 사용하는 젊은이들의 70퍼센트가 1시간에 세 번 혹은 그 이상 핸드폰을 확인한다. 그들 중 22퍼센트는 몇 분 간격으로 핸드폰을 확인한다. 리서치 플랫폼 디스카우트Dscout에서 진행한 '스마트폰에 강박적으로 손가락을 올려놓는 행위'라는 조사에 따르면, 사람들은 하루 평균 2,617번 핸드폰 화면을 탭·스와이프·클릭한다. 심한 사람들은 하루에 무려 5,427번 핸드폰 화면을 터치한다. 특히 대학생이나 고등학생 같은 특정 세대들은 핸드폰을 손에서 놓질 않는다. 그들은 핸드폰과 함께 생활하는 법을 익혀왔다. 그들이 알고 있는 모든 것들이 그 안에 들어 있기 때문이다. 하지만 스마트폰을 종일 들여다보지 않는 사람조차 핸드폰을 자주 확인하고 싶은 욕구를 참기 어렵다. 뉴스 큐레이션 사이트 테크 토크Tech Talk에서 진행한 설문에 따르면, 응답자의 6퍼센트는 아내가 분만 중인데도 업무 이메일을 확인했으며, 다른 6퍼센트는 장례식장에서도 이메일을 확인한 적이 있었다!

브리프랩의 연구 조사 결과, 응답자의 70퍼센트가 아침에 일어나자마자, 그리고 잠들기 직전까지 핸드폰을 확인한다고 답했다.

만약 자신이 핸드폰 중독이라는 생각이 든다면 아래 다섯 가지 질문에 답해보라.

1. 하루 종일 핸드폰을 붙들고 있는가?
2. 잠깐이라도 핸드폰을 내려놓을 수 있는가?
3. 핸드폰을 사용하지 않을 때 금단 증상을 느끼는가?
4. 핸드폰을 몰래 사용 중인가?
5. 무료하거나 기분이 우울할 때 핸드폰을 사용하는가?

위 질문들은 왜 중요할까? 집중하지 못한다면 매일 해야 할 일들을 제대로 처리할 수 없기 때문이다. 예를 들어 회의 중 누군가가 말을 거는데 다른 곳에 정신이 팔려 그 사람 말에 집중하지 못한다고 생각해보라. 혹은 가족과 통화하는데 상대방의 말을 듣기보다 새가 벌레를 잡아먹는 모습을 쳐다보기 시작한다면 어떤가. 중요한 발표 준비에 집중해야 하는데 계속 자리에서 일어나 딴짓을 한다고 상상해보라. 집중력을 온전히 발휘하지 못하면 할 일을 제대로 해내지 못하거나 하는 데 시간이 오래 걸려 결국 지치고 만다.

분산된 주의력은 집에서나 일터에서나 재앙 같은 결과를 초래할 수 있다. 우리는 디지털 기술의 중독성과 유혹에서 어떻게 뇌를 보호할 것인지 심각하게 고민해봐야 한다.

· 04 ·

삶에 침투한 가상현실의 이면

지금도 정보나 디지털 기기 혹은 집중을 방해하는 소음이 너무 많은데, 가상현실VR이 우리 일상 곳곳에 스며든 미래는 어떨지 상상이 되는가?

가상현실은 이미 현실이 되었고 우리 삶에 들어오려고 문을 두드리고 있다. 그렇다면 우리 앞에 무엇이 기다리고 있는지 자세히 살펴보자. 가상현실은 컴퓨터가 만들어낸 3차원 이미지 혹은 환경 시뮬레이션으로, 화면이 내장된 헬멧이나 센서가 달린 글러브와 같은 특별한 전자 장비를 착용한 사람끼리는 실제로 눈앞에서 일어나는 일처럼 물리적으로 상호작용을 할 수 있다.

멍하니 화면만 쳐다보던 시대는 갔다. 이제는 기기를 착용해 그 세계로 빨려 들어간다.

페이스북, 구글, 마이크로소프트 같은 수천억 달러의 기업가치를 자랑하는 기업들은 상용 가능한 가상현실 기술을 이미 보유하고 있으며 더 많은 기술을 개발 중이다. 소비자들은 헤드셋 수백만 개를 사들였는데, 이 기기는 우리 눈을 가린 채 주변 세계와 단절시켜 뇌가 눈앞에 보이는 화면을 새로운 '현실' 세계라고 착각하게 만든다.

가상현실 기술이 모조리 나쁘다고 말하려는 게 아니다. 오히려 그 반대다. 가상현실은 비디오 게임뿐 아니라 교육 분야를 비롯한 스포츠, 의학, 전투 등 훈련용으로도 광범위하게 쓰일 수 있다. 가상현실이 미래 유망 기술인 이유는 과거 우리가 경험했던 그 어떤 기술보다도 훨씬 현실적인 체험을 보장하기 때문이다.

하지만 가상현실 기술에 대한 우리 뇌의 반응과 그 중독성을 생각하면, 가상현실을 무분별하게 사용할 경우 상황이 더욱 나빠질 수 있음을 명심해야 한다.

가상현실은 희망인 동시에 저주다.

모든 것을 직접 체험하는 시대

뛰어난 가상현실 전문가인 스탠퍼드대학교 교수 제러미 베일렌슨Jeremy Bailenson은 『두렵지만 매력적인: 가상현실이 열어준 인지와 체험의 인문학적 상상력』을 썼다. 베일렌슨 교수는 스탠퍼드대학교 가상인간상호작용연구소Virtual Human Interactive Lab의 창립 소장이기도 하다. 책에서 베일렌슨 교수는 가상현실의 긍정적 측면과 부정적 측면 모두에 주목한다.

그는 가상현실이 가장 먼저 적용될 분야 중 하나로 교육을 꼽는다. 앞으로 우리는 직접 체험하면서 배우게 될 것이다. 이를 '체화된 인지embodied cognition'라고 부르는데, 기존 학습법보다 훨씬 효과적이기 때문에 가상현실의 장점이라 할 수 있다.

예를 들면 과학 선생님이 화성에 대해 수업할 때 학생들은 비디오를 보거나 화성에 관한 지문을 읽는 대신 가상현실 장비를 쓰고 화성으로 간다. 굳이 화성에 관해 설명을 듣지 않아도 된다. 화성으로 가면 그만이다.

운동선수들은 이미 모의 훈련에 가상현실 장비를 사용하고 있다. 선수들이 가상 세계에 있을 때도 뇌는 현실이라 착각한다. 따라서 투수의 투구 연습, 미식축구리그 결승전 시뮬레이션 등 주어진 과제가 무엇이든지 단계별 혹은 동작별로 훈련할 수 있으며, 해당 상황에 놓이거나 압박감이 심할 때를 대비해 전략을 세우거나 수정할 수 있다. 무한정으로 예상 시나리오를 만들 수 있는 것이다.

VR이 시력에 미치는 영향

의사와 과학자들은 가상현실이 시력과 신경계를 비롯한 건강과 아이들에게 미칠 영향에 대해 벌써 우려의 목소리를 내고 있다. 가상현실 기기에는 대부분 임산부나 노약자 혹은 심장병, 시력 이상, 정신 질환 등 사전 병력이 있는 사람은 사용 전에 의사와 상담하라는 경고문이 쓰여 있다.

우리는 가상현실 기술의 순기능을 완전히 수용하기 전에 역기능을 철저히 따져볼 필요가 있다.

가상 환경이 시력에 미치는 효과에 관해 연구하는 UC 버클리대학교 교수 마틴 뱅크스Martin Banks는 이렇게 말한다. “잠재적으로 문제가 많다. 일례로 가상현실은 성장기 아이들 눈에 근시를 유발할 수 있다.”

태블릿 PC나 핸드폰 화면을 가까이 보면서 작업할 경우 근시안이 될 위험을 높인다는 사실은 이미 명백하다. 게다가 뇌가 우리의 의사소통 방식을 해석하는 방법까지 바꾸고 있다.

의료 분야에서 30년 넘게 가상현실을 연구해온 행동신경과학자 월터 그린리프Walter Greenleaf는 이렇게 말한다. "가상 환경에서는 우리가 보거나 반응하는 방식이 달라질 수밖에 없다. 우리 눈에 비친 사물이 멀리 떨어져 있다고 생각하지만, 실은 몇 센티미터밖에 떨어져 있지 않기 때문이다."

이 현상을 과학 용어로 수렴-조절 불일치vergence-accommodation conflict라고 부르는데, 얼마나 심각한 결과를 가져올지 누구도 장담하지 못한다. 스탠퍼드대학교의 가상인간상호작용연구소와 협업 중인 그린리프는 이렇게 말했다. "우리는 뇌를 속이고 있다. 하지만 가상현실이 장기적으로 어떤 결과를 가져올지는 알 수 없다."

사람들이 저커버그를 보고도 지나친 이유

가상현실이 저주가 되는 이유는 무엇일까? 이미 우리는 정보 중독의 부정적 영향에 대해 살펴보았다. 주위는 온통 소음뿐이고, 우리 뇌는 주의력을 분산시키는 오락거리와 멀티태스킹을 갈망한다. 가상현실이 상용화하면 우리는 정보라는 마약에 중독된 삶을 살게 된다. 가상현실을 통해 사용자 대부분은 자신이 처해 있는 가혹한 현실 세계에서 빠져나와 겉보기에 더 나은 가상 세계로 들어온 듯한 느낌을 받는다. 바로 이게 문제다. 가상현실은 엄청난 중독성을 자랑한다.

아이들이 헤드셋을 쓰고 숙제를 시작하지만, 곧 산만해져 딴짓을 한다고 상상해보라. 부모들은 아이들이 공부한다고 생각하기 때문에 옆에서 지켜보는 것 외에 달리 도리가 없다. 누가 새로운 학습법에 딴지를 걸 수 있겠는가?

가상현실은 사람들 간의 고립을 더 심화시킬 가능성이 충분하다. 일례로 2016년 2월 스페인 바르셀로나에서 페이스북 설립자 마크 저커버그Mark Zuckerberg는 삼성의 행사장 복도를 걸어가고 있었다. 수천 명에 달하는 방문객들은 가상현실 헤드셋을 쓰고 있던 탓에 누구도 그를 알아보지 못했다.

이 장면이 찍힌 사진은 인터넷에서 큰 화제를 몰고 왔다. 그 사진을 본 비평가들은 가상현실이 흔히 말하는 사회적 집단 체험이 아니라 개인을 고립시키는 체험 같다고 논평했다. 한 독일 기자가 이에 대해 저커버그에게 의견을 물었고, 그는 다음과 같이 답했다.

> 새로운 기술이 개발될 때마다 사람들은 우려를 표하기 마련입니다. 비평가들은 우리가 서로 대화하지 않고 새로운 매체나 기술에만 시간과 관심을 쏟는다면 사회가 고립된다고 걱정하는데, 인간은 기본적으로 사회적 동물입니다. 따라서 저는 현실의 어떤 기술이라도 우리가

사회적으로 서로를 더 잘 이해할 수 있게 도와주지 않는다면, 그 기술은 금방 사라지거나 성공하지 못할 것으로 생각합니다. 최초의 책이 탄생한 순간으로 가봅시다. 누구도 "사람들과 직접 이야기하면 되지 뭐하러 책을 읽느냐?"라고 말하지 않았을 것입니다. 독서의 목적은 저자의 생각과 가치관에 흠뻑 빠지는 것입니다. 그렇지 않습니까? 신문을 읽거나 핸드폰, TV를 보는 이유도 마찬가지입니다. 가상현실도 곧 그렇게 되리라 확신합니다.

저커버그의 대답에는 오류가 있다. 이렇게 대답한 이유도 의심스럽다.

책은 중독성이 없다. 흥미를 끌 뿐이다. TV, 일반 전화, 신문도 중독성이 약하다. 신문의 중독성은 TV만큼 강하지 않으며, 일반 전화도 스마트폰만큼 중독성이 강하지 않다. 책에서 시작해 신문, TV를 거쳐 스마트폰까지 그리고 이젠 가상현실로 옮겨가는 미디어의 흐름은 중독의 흐름과 다름없다. 가상현실은 하드웨어와 소프트웨어 개발자들이 생각할 수 있는 중독의 최고 수준보다 한참 위에 있다. 두 발을 디딘 현실을 버리고 그들이 만들어낸 가상 세계에 중독되기 때문이다.

사람들이 스마트폰, 인터넷, SNS에 빠져 있는 동안 가상현실은 영원히 멈추지 않을 소음을 소비하는 데 혈안이 된 저주받은 삶을 보여준다. 바로 정보라는 마약에 중독된 삶이다.

누가 이를 막을 수 있을까?

가상현실은 가장 먼저 교육 분야로 우리 삶에 침투할 것이다. 현재 아이들이 학교에 태블릿 PC와 노트북을 가져가 화면을 보며 공부하듯이 미래 아이들은 헤드셋을 쓰고 가상현실 속에서 학습할 것이다. 학교에 있는 동안 아이들의 삶은 현실 세계에서 새로운 가상 세계로 조금씩 이동한다. 부모들은 이를 막지 못하고 무력하게 지켜볼 뿐이다.

실리콘밸리의 중심부에는 페닌슐라 발도르프 학교Waldorf School of the Peninsula가 있다. 유치원부터 고등학교까지 운영하는 사립 교육기관으로 스마트폰이나 태블릿 PC 등 디지털 기기를 일절 사용하지 않는다. 아이러니하게도 구글, 애플, 야후와 같은 거대 IT 기업에서 근무하는 부모들이 자녀가 다닐 학교로 이곳을 선택한다. 이는 우리에게 디지털 기술의 위험성을 일깨워준다.

일부 과학자들은 디지털 기술이 정말로 아이들의 학습에 도움이 되는지 의문을 품기도 한다.

경제협력개발기구OECD의 연구에 따르면, 교육용 정보통신 기술에 막대한 투자를 지속해온 국가들조차 눈에 띄는 성과를 발견할 수 없었다.

몇몇 기업은 아이들이 중독의 흐름에 노출되지 않도록 보호하려는 노력에 앞장서고 있다. 2018년 애플의 주요 투자자들은 아이들의 스마트폰 중독을 막을 방안을 마련하라고 촉구했다. 하지만 애플은 이 문제를 '부모의 소관'이라고 일축했다.

정말 부모의 책임으로 돌려도 괜찮을까?

학습 효과 vs 중독성

우리는 가상현실이 사람들을 중독시키도록 설계된 오늘날의 애플리케이션, 스크린, 디지털 기술과는 다른 방식으로 우리 뇌와 감정에 충격을 줄 수 있다는 사실을 인지해야 한다. 중독성을 내포하고 있긴 하지만, 가상현실은 더 나아가 훨씬 심각하게 우리를 고립시킨다. 우리 스스로 외부세계를 차단하는 것이다.

물론 아이들이 새로운 경험을 통해 뭔가를 배울 수 있으면 좋겠지만 과연 실생활보다 가상현실에서 더 많은 시간을 보내려는 유혹에 빠지지 않을 수 있을까? 당연히 IT 기업들은 아이들이 가상현실에 단단히 빠져 온종일 가상현실에서 놀고, 탐험하고, 배우기를 바랄 것이다.

그렇다면 아이들은 가상현실에서 무엇을 보고 소비하게 될까? 결국 뇌에 셀러리를 주는 것과 마찬가지인 소음이 대부분이다. 셀러리는 먹을 때도 에너지가 소모되기 때문에 열량이 0에 가깝다. 앞장에서 말했듯 우리는 뇌에 아무런 영양분을 주지 못해 정신적으로나 정서적으로 무기력해진다.

정보와 오락에 과몰입한 경우를 떠올릴 때면 C. S. 루이스의 유명한 『나니아 연대기』 시리즈 중 『사자, 마녀, 그리고 옷장』의 한 장면이 생각난다. 등장인물 에드먼드 페벤시는 하얀 마녀의 꼬드김에 넘어가 마법이 걸려 있는 터키쉬 딜라이트를 먹게 된다.

> 에드먼드가 사탕을 먹는 동안에도 여왕은 계속 질문을 던졌다. 처음에 에드먼드는 입안에 음식물을 가득 넣은 채 말하는 행동이 예의에 어긋난다는 것을 기억하려 했으나 곧 잊어버렸다. 터키쉬 딜라이트를 최대한 많이 입에 쑤셔 넣을 생각밖에 하지 못했고, 먹을수록 더 먹고 싶어졌다. 에드먼드는 여왕이 왜 그렇게 질문을 쏟아내는지 궁금하지도 않았다.

에드먼드는 터키쉬 딜라이트를 더 많이 먹겠다는 생각에 사로잡혀 한 입씩 먹을 때마다 자제력을 상실하기 시작한다. 가상현실이 우리에게 미치는 영향도 이와 똑같을 것이다. 끔찍한 악몽이 일어날지도 모른다.

우리는 이 위협을 직시해야만 한다. 물론 필요한 정보도 있겠지만, 그렇지 않은 정보가 대부분이다. 게다가 소음 소비도 엄청나게 일어나고 있다. 가상현실로 학습 효과를 높일 수 있지만, 중독성도 무시할 수 없다. 우리는 교육과 엔터테인먼트 사업의 미래라는 허울에 우리의 자제력을 내어주고 있으며, 결국 심각한 중독의 덫에 갇히고 말 것이다.

정보 불안(정보의 홍수 속에서도 정보가 부족하다고 느끼는 현상-옮긴이) 문제가 점점 더 빨리 우리 앞으로 다가오고 있다. 가상현실은 지나가는 유행이 아니다.

주목! 한마디

가상현실은 놀라운 기술이지만, 동시에 엄청나게 중독성이 강하다. 가상현실의 핵심은 뇌를 속이는 것이므로 과몰입, 고립, 플랫폼의 중독성 등 우리 몸과 마음에 끼칠 악영향을 제대로 알아야 한다.
우리는 겉으로 드러나는 가상현실의 매력에 쉽게 넘어가지 않도록 자기 자신을 지켜야 한다. 가상현실로부터 뇌와 사고력을 보호하라.

·PART 2·

집중력 저하는 어떻게 삶을 무너뜨리는가

·05·

온종일 학교에 갇힌 삶

이 책을 쓰게 된 이유를 사람들에게 이야기하자 몇몇은 내게 깜짝 놀랄 만한 이야기를 들려주었다. 여기서는 친구 브라이언의 이야기를 소개하려 한다. 그는 10대 딸아이를 우울증으로 잃었다고 생각했다.

브라이언과 그의 아내 안나는 모범생 아이들을 둔 것처럼 보였다. 부부의 아들과 딸은 기대 이상의 성적을 거두는 아이들이었다. 학교생활도 성실히 하고 친구도 많았으며 모두와 잘 어울렸다.

적어도 브라이언과 안나는 그렇게 믿었다. 하지만 막내딸 모니카가 고등학교 2학년이 되자 학교를 빠지기 시작했다. 모니카는 등교를 거부했고 침대에서 나오는 것조차 싫어했다.

불안과 우울이 모니카를 집어삼켰다. 상황이 좋지 않았다. 결석이 너무 잦아 학교에서 퇴학당할 위기에 놓였다. 하지만 모니카는 다시 학교로 돌아갈 기미조차 보이지 않았다. 브라이언 부부도 원인을 찾는 수밖에 달리 도리가 없었다.

모니카는 매일 방 안에 틀어박혀 아무것도 하지 않았다. 책을 읽지도, SNS를 확인하지도, TV를 보지도 않았다.

모니카가 자기 자신을 고립시키자 브라이언과 안나는 딸을 상담센터에 데려가 치료에 도움이 될 만한 일은 뭐든 다 해보려고 노력했다. 하지만 아무것도 효과가 없었다. 브라이언 부부는 딸을 잃어가고 있다고 생각했다.

SNS가 우울증을 유발하는 이유

지푸라기라도 잡는 심정으로 브라이언 부부는 모니카를 북서부에 있는 사립 여학교에 보냈다. 그곳은 중독, 행동 장애, 트라우마를 겪는 여학생들을 집중적으로 도와주는 학교였다. 학생들은 학교에서 SNS와 디지털 기기를 일절 사용하지 않았다. 교칙에 따르지 않으면 징계를 받아야 하는 아주 엄격한 환경이었다.

새 학교에서 지내는 동안 모니카의 상태는 호전되었다. 그녀는 우울감에서 벗어났으며 예전보다 활력도 넘치고 집중력도 좋아졌다. 자신의 행동을 통제할 수 있는 규칙과 전략이 있었기 때문이다. 모니카가 스스로 악순환의 고리를 끊어낸 덕에 다시 예전 학교로 돌아갈 수 있게 되었다.

모니카의 우울증을 유발한 가장 강력한 원인은 SNS인 듯했다. 모니카는 업데이트된 게시물 또는 사진을 공유하거나 게시글에 '좋아요'를 누르고 접속 시간을 따지는 등 '항상 접속 상태를 유지'해야 한다는 압박에 시달렸다. 그녀는 압박감에서 벗어날 수 없었다. 마치 온종일 학교에 있는 기분이었다. 친구들과 내내 함께 있다 보니 그녀의 본모습은 실제와 다르게 포장되었다. 모순적이게도 항상 연결되어 있을수록 고립감이 커져갔다. 모니카는 극심한 불안과 우울이라는 악순환에 시달려 아무것도 할 수 없었다.

브라이언과 내가 마지막으로 이야기를 나눴을 때가 바로 모니카가 사립 학교에서 집으로 돌아오는 날이었다. 하지만 돌아와 새 삶을 시작하기에 앞서 그녀는 친구들과 빚게 될 갈등 상황을 어떻게 풀어나갈지 계획부터 세워야 했다. 이를테면 다 같이 식당에 갔는데 모두 스마트폰으로 SNS에 접속한다면 어떻게 할 것인지와 같은 문제들이다.

모니카는 어떻게 유혹에서 벗어났을까? 친구들은 거의 24시간 SNS에 접속해 있을 텐데 그녀는 이 상황을 어떻게 헤쳐나갔을까? 그녀는 어떻게 거부 의사를 밝히고 자신만의 기준을 세웠을까?

이 모든 일이 일어나기 전까지 모니카는 항상 SNS에 접속해 사람들과 소통했으며, 댓글을 남기고 직접 게시글도 올렸다. 하지만 모두에게 '좋아요'를 받는 게시물을 올리고 자신의 삶을 매력적으로 포장해야 하는 압박감을 당해낼 수 없었다. 결과적으로 SNS는 우울과 불안이라는 거대한 파도를 만들어내고 말았다.

모니카의 삶은 손쓸 수 없을 정도로 비참해졌다. 브라이언과 안나는 모니카가 아픈 이유를 알았을 때 자신들이 딸의 병을 키웠다는 사실을 깨달았다. 딸아이가 하루 종일 핸드폰에 붙어 있어도 요즘 10대들은 누구나 그렇다고 생각할 뿐, 특별히 문제 삼지 않았기 때문이다.

24시간 학교에 갇힌 느낌

부모들은 모니카에게 일어난 일이 다른 아이들에게도 놀랄 만큼 빈번하게 나타난다는 사실에 두려움을 느낀다. 부모들은 SNS라는 무자비한 괴물에 아이들을 잃을 위험에 처했는데도 이를 간과하고 있다. 누구도 자녀를 대상으로 마약 중독 실험을 하지는 않을 것이다. 그런데 많은 부모가 인터넷의 중독성을 인지하지 못한 채로 검증과 관리가 제대로 이뤄지지 않은 온라인 공간에 아이들을 방치한다.

디지털 기기의 접근성은 앞으로도 계속 좋아질 것이다. 부모들은 아이들을 보호하는 일에 조금도 방심해선 안 된다.

과거 세대는 학교를 마치면 걱정거리나 학업과 관련된 스트레스도 그곳에 두고 집에 돌아왔다. 학교생활과 개인의 삶이 철저하게 분리되어 있었다. 하지만 더는 그렇지 않다.

두 아들 중 하나가 내게 말했다. "아빠, 우리는 24시간 학교에 있는 거나 마찬가지예요. 집에서도 디지털 기기로 모두와 연결돼 있기 때문이죠." 이 녀석 말이 옳다. 이것이 현실이다.

모든 게시글과 댓글, '좋아요', '공유하기'는 우리 아이들이 계속 SNS에 '접속'해야 하고 사람들에게 인정받아야 한다고 생각하게 만든다. 집에서도 연결되어 있다 보니 '숙제 확인해야지', '점심때 찍은 사진 올려야겠다', '저번에 좋아요를 얼마나 받았더라', '오늘은 레벨이 몇 계단이나 올라갔을까' 하는 생각으로 아이들의 마음은 의식 없이 이리저리 왔다 갔다 한다.

아이들이 학교에 갇혔다고 느끼는 이유는 다음과 같다.

- 온라인 숙제와 과제
- 학생들이 반드시 온라인으로 과제를 제출해야 하는 인터넷 게시판
- 선생님의 이메일과 숙제 공지글
- 초등학교에서조차 필수품이 되어버린 노트북
- 멈추지 않는 사이버 폭력(집에서도 괴롭힘을 피할 수 없다)
- 운동부나 학교 행사에 대해 다른 학교 학생들이 인터넷에 올리는 비방 게시글

아이들의 뇌는 중독에 취약하다

아이들이 디지털 기기 중독에 이렇게나 취약한 이유는 아직 뇌가 충분히 발달하지 않았기 때문이다. 10대 아이들은 충동 조절 능력과 공감 능력도 부족하다. 하지만 아이들의 뇌는 믿을 수 없을 만큼 유연하여 새로운 환경에 맞춰 변할 수 있다. 게다가 신경학자들이 말하는 '위험-보상 체계의 과잉 반응'으로 특히 중독에 빠지기 쉽다.

캔자스대학교 심리학과 폴 애칠리Paul Atchley 교수에 따르면, 집중력과 공감 능력을 키워주는 뇌 영역은 20대가 되고 나서야 비로소 발달이 완료된다.

애칠리 교수는 《타임》지 인터뷰에서 다음과 같이 말했다. "청소년기에는 쉽게 산만해지지 않도록 전전두엽을 발달시키는 훈련이 중요하다. 우리 팀 연구 결과를 보면 젊은 사람들은 항상 주의가 산만할 뿐 아니라 타인의 감정을 잘 헤아리지 못한다." 하지만 디지털 기기로 주의력이 산만해진 아이들에게 그가 말한 훈련은 벅찰 수밖에 없다.

우울증과 자살률이 높아지고 있다

누구라도 주위를 둘러보면 디지털 기기가 우리 아이들을 점점 더 고립시킨다는 사실을 알 수 있다. 식당이나 공원에서 아이들을 보면 서로 말을 주고받거나 눈을 마주치지도 않는다. 고개를 숙이고 화면 위로 손가락을 빠르게 움직일 뿐이다.

사람들은 보통 SNS에 행복한 글이나 사진을 올리는데, 이는 청년들의 불안 장애와 우울증의 원인이 된다. 불행하거나 멍청해 보이고 싶은 사람은 없다. 사람들은 사춘기 때 겪는 어려운 문제들을 공유하기보다 애써 괜찮은 척한다. 이런 행동은 특히 사춘기 소녀들의 인정 욕구, '완벽'해지고 싶은 욕망, 유행에 뒤지지 않으려는 고립공포감fear of missing out, FOMO에 불을 지핀다. 항상 SNS에 접속하여 흐름을 따라잡아야 한다. 그렇지 못하면 뒤

처지는 것이다. 이 때문에 우리 아이들은 마음에 상처를 입는다.

미국 보건복지부에 따르면, 우울증 관련 증상을 한 번 이상 겪은 청소년들이 2010년과 2016년 사이에 무려 60퍼센트 이상 뛰었다. 우울증에 걸린 청소년들은 확실히 늘고 있다. 미 보건복지부가 아이들 1만 7,000명을 대상으로 진행한 조사 결과, 주요 우울증 증상을 겪는 청소년 비율이 2010년에는 8퍼센트였던 데 비해 2016년에는 약 13퍼센트로 올랐다.

미국 질병통제예방센터에 따르면, 10대들의 자살 비율도 덩달아 늘고 있다. 그중에서도 여학생들이 가장 크게 고통받고 있다.

샌디에이고 주립대학교에서 발표한 연구에 따르면, 스마트폰이나 다른 전자 기기를 하루 3시간 이상 사용하는 아동은 2시간 이하로 사용하는 아동보다 자살로 이어질 수 있는 병(무기력증 또는 자살 충동)에 하나라도 걸릴 확률이 38퍼센트나 더 높았다. 전자 기기를 하루 5시간 이상 사용하는 아동의 48퍼센트는 자살을 유발할 수 있는 병을 한 가지 이상 앓고 있었다.

중독이라 볼 수 있을까?

청소년들의 과도한 SNS 활동이나 비디오 게임 사용을 중독이라 할 수 있는지 의학 전문가들 사이에서도 논란이 많다. 하지만 디지털 기기의 남용이 젊은이들에게 악영향을 미칠 수 있다는 데는 이견이 없다.

비디오 게임이나 디지털 기기 중독에 빠진 10~18세 청소년을 위한 서머랜드 캠프Summerland camp를 운영하는 마이클 비숍Michael Bishop 박사는 미국 공영 라디오 방송에 나와 자신을 찾아오는 청소년들을 크게 두 부류로 나눌 수 있다고 말했다. 첫 번째는 비디오 게임을 너무 많이 한 나머지 사회성을 잃어버린 유형이고, 두 번째는 과도하게 SNS를 사용하는 유형으로 대부분 여자아이이다. 게임에 빠진 친구들은 대개 남자아이들이며 우울증과 불안 장애에 자주 시달린다.

이 무시무시한 상황은 나아지기는커녕 더욱 심각해질 것이다. 아래 질문에 한 번 답해보자. 부모와 아이가 디지털 기기와 관련해 지금 어떤 상황에 놓여 있는지 파악할 수 있을 것이다.

- 아이가 항상 디지털 기기의 화면만 보고 있다고 느끼는가? 기기를 내려놓고 함께 시간을 보내자고 제안하면 아이는 엄마 아빠가 과민 반응을 보인다거나 친구들이 전부 온라인에 접속해 있다고 말하는가? 아이가 숙제 중이라고 말하지만, 실제로는 게임을 하거나 SNS에 접속해 있지는 않은가?

- 아이가 더는 친구들을 만나지 않거나 아이의 친구들이 집에 놀러 오지 않는다고 느껴지는가? 이유를 물으면 인터넷으로 만난다면서 아이가 공격적으로 반응하진 않는가?
- 아이를 화면에서 떨어뜨려놓기 위해 핸드폰이나 디지털 기기를 압수하면 초조해하며 공격적으로 변하거나 금단 증상을 보이지는 않는가? 아이가 몰래 부모의 핸드폰 혹은 형제자매의 핸드폰을 가져다 사용하는 모습을 본 적이 있는가?
- 자신의 핸드폰 사용 습관이 아이의 행동에 어떤 영향을 미칠지 생각해본 적이 있는가?

주목! 한마디

10대들 사이에서 불안과 우울 장애가 급격하게 늘고 있는데, 대부분 상시 접속을 유지해야 하는 스마트폰과 SNS의 중독성에 기인한다. 청소년들은 디지털 기기로 사람들과 언제나 연결되어 있다고 느끼지만, 사실은 건강한 방법으로 개인적·사회적·정서적 발전을 이뤄야 할 시기에 서로를 더욱 고립시키고 있다.
상시 접속을 요구하는 디지털 기기가 우리 아이들의 행동에 미치는 영향을 제대로 인식하여 기기로부터 아이들을 보호하고 부작용을 차단할 실질적인 방안을 마련해야 한다.

· 06 ·

방향성을 잃어버린 리더

조나스는 자신이 이렇게 비참하게 무너질 것이라곤 상상하지 못했다. '대등한 합병'이라는 찬사 속에 기업 간 인수합병을 총괄하며 커리어의 정점을 찍었을 때 이미 모든 걸 다 이룬 줄 알았다.

"조나스는 직원들과 키플레이어key player 모두를 잘못 이해했어요." 전前 전략기획부장 폴라는 합병 이후의 시간을 회상하며 이렇게 말했다. "그는 자신이 직원들과 직접 소통하고 변화관리팀이 제 역할을 한다면 모든 직원이 두 회사를 통합하는 일에 적극적으로 참여할 것이라고 확신했어요. 그래서 초기 경고 신호를 여러 번 놓쳤죠."

수년을 끌었던 인수합병 거래는 몇몇 키플레이어가 막후 협상에서 과감하게 움직여준 덕분에 성사될 수 있었다. 그들은 모든 금융 조건에 합의한 후 서둘러 보도자료를 작성했다. 인수 조건을 확정 짓고 시장에 바람을 일으킬 요량이었다. 인수합병이 대개 그렇듯 두 회사 직원들이 '시너지'를 받아들여 리더십 팀을 잘 따를 것이라는 기대가 많았다.

"발표된 보도자료에는 흥분되고 낙관적인 이야기뿐이었어요." 폴라가 씁쓸하게 말했다. "그런데 인수합병에 참여한 사람들 누구도 거래의 목적을 제대로 알지 못했어요. 또한 두 기업의 융합이 아니라 한쪽 기업 문화를 무너뜨리는 기업 인수라며 팀이 함께 일하기 힘들 거라고 걱정하는 사람들이 많았죠."

정보 과잉의 부작용과 뒤이어 발생한 소음은 이해와 성공의 모든 가능성을 약화시켰다.

흘러넘치는 정보

보도자료를 발표한 후 몇 주, 몇 달이 지나자 조나스가 계획했던 대로 전 조직에 온갖 정보가 폭우처럼 쏟아졌다. 계속 쌓이는 이메일에 받은편지함은 폭발 직전이었으며 타운홀 미팅, SNS 게시글, 비디오 튜토리얼, 전략기획실에서 전략 목표 차원으로 내려오는 세밀한 지침까지 숨이 막힐 지경이었다. 변화관리팀은 완벽하게 업무를 처리했다. 정확한 절차에 따라 핵심 과제를 수행하고 마감일도 꼬박꼬박 지켰으며 그 밖에 실행 가능한 모든 일을 해냈다.

"조나스는 투명하게 일을 처리하고 모두와 세세한 부분까지 소통하고 싶어 했고, 그렇게 했어요." 폴라가 말했다. "직원들은 점점 정보에 파묻히고 있다는 걸 체감하기 시작했지요."

초반에 직원들은 의욕이 넘쳤지만 위에서 아래로 향하는 소통이 영업 멘트처럼 일방적이고 강압적으로 느껴지자 점차 열정을 잃어갔다.

"어떤 정보가 가장 중요하고 어떤 지시에 따라야 할지 감을 못 잡겠더라고요." 사내 베테랑 마케팅 전문가인 토바이어스가 말했다. "온종일 회의와 새로 업데이트된 정보에 치이는데도 우선순위에 대한 명확한 기준조차 없었죠. 사무실 내 모두가 같은 의견이었어요. 새로운 사업 실행 계획서가 전달되면 책상 너머로 서로를 쳐다보며 거의 이구동성으로 물었죠. '이거 무슨 말인지 이해했어?' 그러면 모두 '아니!'라고 대답했어요."

토바이어스는 이번에 처음으로 신규 사업 기획 업무를 맡은 게 아니었다. 다년간 이 분야에서 경력을 쌓아온 그조차 계획서의 내용을 이해할 수 없었다.

회의에서는 간부급 직원들도 의견 제시보다 업데이트되는 사항을 확인하고 부하 직원 및 프로젝트 팀과 훨씬 더 원활하게 소통할 수 있게 시간을 투자하라는 이야기만 들어야 했다. 회의는 상의하달식으로 진행됐으며, 정보만 쏟아질 뿐 피드백과 접근법 조정에 대한 논의는 이뤄지지 않았다.

"경영진들은 무언가를 계속 쏟아냈어요. 의견을 말하고 싶었지만, 회의 시간에 다뤄지는 안건은 전부 이미 논의가 끝난 것들이었어요. 슬슬 걱정되더군요. 제 경험상 성공적인 신규 사업기획은 이런 식으로 진행되지 않았기 때문이죠. 과거에는 항상 피드백을 나누고 의견을 조정하며 질문을 주고받을 기회가 있었어요." 토바이어스가 말했다.

일방적인 의사소통

"경영진들은 내부 소통이라는 이름의 소방 호스로 열정과 수용의 불꽃을 꺼버렸어요." 폴라가 말했다. "듣지도 않는 사람들을 향해 일방적으로 이야기를 퍼부었죠. 그때부터 상황은 더 나빠졌어요."

회의에 시간을 너무 많이 뺏겨서 본인 업무를 할 수 없게 되자 직원들은 사기가 떨어졌다. 예정된 일시 해고 조치도 근거

없는 소문이 걷잡을 수 없이 퍼지는 바람에 별 도움이 되지 않았다.

“조나스의 생각 자체에는 아무 문제가 없었어요. 합당하게 들렸죠. 그런데 제가 중간에 합류하다 보니 실패의 징후가 명확하게 보이더군요.” 신제품 출시 업무를 돕기 위해 고용된 컨설턴트인 산드라가 말했다.

• FOCUS •

정서적 피로가 소음을 만났을 때

『성공과 실패는 당신 손에 달려 있다(Sink, Float or Swim)』의 저자 스콧 펠틴(Scott Peltin)은 전문가라면 항상 최고의 모습을 보여줘야 한다고 말한다.
그는 전 세계 리더들이 높은 업무 성과를 달성하게끔 도와주는 전문가로, 부담스러운 결정을 내리거나 쉬지 않고 오랜 시간 계속 집중하는 행동으로 인지적 피로가 쌓이면(펠틴은 이를 ‘머릿속에 뿌연 안개가 낀 상태’라고 부른다) 소음을 차단할 수 없게 된다고 강조한다.
이뿐만 아니라 스콧은 정서적 피로에 대해서도 경고한다.
“정서적 피로는 우리를 최악의 상태로 이끕니다. 시차증(jet lag)과 수면 부족부터 불필요한 감정의 롤러코스터를 타게 만드는 것들까지 무엇이든 정서적 피로를 유발합니다. 그렇게 당신은 감정의 지배를 받게 됩니다. 이때 당신의 뇌가 소음을 감지하면 과민하게 반응하는데 ‘생존 모드’로 전환되었기 때문입니다. 생존 모드에서는 어떠한 소음이든 삶을 위협하는 것이 되죠.”
스콧은 리더들에게 반드시 피로를 해소하라고 강조하며, 그들이 끊임없이 자기 자신을 되돌아보고 언제나 최고의 모습을 유지할 수 있도록 도와주는 일을 하고 있다.

> “최고의 내가 되겠다는 목적의식이 필요합니다. 그렇지 않으면 주변 환경에 쉽게 휘둘립니다.”

경영진이 변화를 모색한다는 소식이 들리자 직원들 사이에 두려움, 혼란, 불신이 뒤따랐다. 조나스는 정보를 많이 제공할수록 직원들에게 도움이 되리라 강하게 믿었다. 하지만 자신의 행동이 장기적인 성공 가능성을 크게 낮추며 직원들을 정보의 홍수에 빠뜨렸다는 사실을 전혀 알지 못했다. 경영진의 조치는 더 큰 소음을 유발할 뿐 방향을 명확하게 제시하지도 못했다. 말은 행동으로 이어지지 않았다. 그 대신 회의, 토론, 불평만 더 늘었다.

“경영진의 말이 많아질수록 직원들의 침묵은 길어지는 것 같았어요.” 산드라는 1년 내내 계속된 통합 과정을 떠올리며 말했다. “사람들은 완전히 지쳐 정보를 차단하기 시작했어요. 관심과 흥미를 보일 힘조차 남아 있지 않았으니까요.”

직원들이 상황을 이해하려고 노력하지 않은 게 아니었다. 그들은 너무 많은 정보에 신물이 났을 뿐이다.

당신이 팀이나 조직을 이끌고 있다면 아래 질문에 답하며 자신을 돌아보자.

- 회의나 프레젠테이션에서 조직의 리더인 당신이 하는 말에 직원들이 흥미를 보이며 고개를 끄덕일 때, 모든 직원이 당신 말을 듣고 있다고 정말 확신할 수 있는가?
- 직원들에게 자유롭게 의견을 말할 기회를 주는가? 아니면 철저히 일방적으로 당신 혼자서만 이야기하는가?
- 전달할 정보의 양을 적당히 조절하여 직원들에게 심적 부담을 지우지 않으며 과한 설명으로 핵심 메시지가 묻히지 않게 하는가? 회의 참석자들이 피드백을 주고받는 문화가 자리 잡혀 있는가?

주목! 한마디

의사 결정을 투명하게 하겠다고 불필요한 정보를 과도하게 쏟아낸다면 사람들은 내용을 제대로 이해하지도 못하고 의지가 꺾인다. 게다가 소통 과정에서 느끼는 소외감과 좌절감으로 정보를 아예 차단해버릴 수 있다.
설득하지 말고 이야기하라! 이 책의 피드백을 받아들여 '핵심', '이유', '결론'만 말하라.

• 07 •

한 치의 여유도 허락되지 않는 직장 생활

젊고 야망 넘치는 대위 마크는 부대원들보다 일찍 일어난다. 새벽 4시 45분 알람이 울리자 마크는 침대 협탁에서 스마트폰을 집어 들어 짹짹거리며 신경을 거슬리게 하는 새소리를 끈다.

마크는 새로 온 문자메시지 몇 개를 발견하고서 거의 무의식적으로 바로 메시지를 열어본다. 하지만 기분만 상한다. 늦은 새벽 여자친구가 왜 자정에 답장을 보내지 않았냐고 불평하는 메시지를 보내왔기 때문이다.

마크는 핸드폰을 손에 쥐고 일어나 앉아 수면 패턴을 확인하기 위해 손목에 찬 기기를 확인한다. 그리고 침대에 한껏 기댄 자세로 앱에 접속해 지난밤 선잠을 잔 순간이 언제였는지 살펴본다.

마크는 어젯밤 일부러 시간을 들여 메일함을 비웠는데도 업무 메일이 30개나 새로 와 있는 것을 발견한다. 새 메일을 확인해야 하지만, 나중에 하기로 한다.

운동 중에도 놓지 못하는 스마트폰

마크는 침대에서 일어나 새벽 달리기와 운동에 필요한 훈련 장비를 착용한다. 심장 박동과 걸음, 구간 기록을 확인하기 위해 핸드폰과 손목 장치를 가져간다. 달리는 와중에도 마크는 음악을 듣는다. 그리고 짬을 내어 메시지를 확인하고 이메일도 훑으려 한다.

그런데 언제 어떻게 여자친구에게 답장을 보내야 할지 몰라 스트레스를 받기 시작한다.

마크는 집으로 돌아와 아침을 먹으며 곧 있을 마라톤 대회를 위해 영양 관리 앱으로 열량을 기록한다. 식사 중에도 노트북으로 뉴스 사이트 몇 개를 훑는다. 그리고 개인 SNS 계정에 접속해 친구나 가족들의 중요한 소식을 놓치지 않았는지 확인한다.

마크는 대학 룸메이트가 라스베이거스에서 일주일 동안 총각 파티를 하며 찍은 사진을 열두 장이나 공유한 걸 발견한다. 사진을 하나하나 살펴보지만, 아는 사람은 한 명도 없었다. 이윽고 그는 즐거웠던 지난 라스베이거스 여행을 떠올린다.

마크는 날씨와 뉴스를 계속 확인한다. 핸드폰에서 알림이 몇 개 더 뜨지만, 출근 시간이 다 됐으므로 열어보지 않기로 한다.

운전 중에도 방해는 계속된다

마크는 씻고 옷을 갈아입은 후 집을 나선다. 시계는 아침 6시 15분을 가리키고 있다. 그때 원사에게 전화가 걸려와 점심 식사 후 중요하고 특별한 손님을 모시고 브리핑을 해야 한다는 소식을 전한다. 오후에 방문할 하원의원의 의전과 브리핑 업무를 맡을 인력이 막판에 마크로 교체된 것이다.

마크는 부리나케 의원의 약력과 추가 배경 정보를 검색한다. 그러고 나서 자료 조사와 의제 설정, 프레젠테이션 슬라이드 초안 작성에 참고할 링크 몇 개를 빠른 메일로 부대 참모에게 전달한 후 드디어 출근길에 나선다.

출근길 차 안에서 마크는 라디오를 켜지 않기로 한다. 하지만 차가 알아서 핸드폰을 감지해 그의 재생목록 속 음악을 튼다. 마크는 출근하는 동안 음악을 들으며 조금 쉴 수 있겠다고 생각해 내버려둔다.

그 순간 대대장에게서 전화가 온다.

대대장은 마크에게 이메일을 확인했냐고 묻는다. 마크는 당황해하며 아직 확인하지 못했다고 대답한다. 대대장의 목소리에 실망감이 묻어난다. 오늘 아침 가장 먼저 확인할 줄 알았다며 지난밤 보내놓은 이메일 3개를 요약해달라고 말한다. 통화는 짧게 끝났지만, 마크는 메일을 미처 확인하지 못해 모든 게 엉망이 된 기분이다. 아침 운동 전에 먼저 메일을 확인했어야 한다고 후회한다.

부대에 도착하니 마크에겐 더 많은 메일이 와 있다. 회의에 참석하라는 메시지도 몇 개 보인다. 마크는 커피를 마시며 기밀 사항만 주고받는 업무용 이메일 계정에 접속한다. 거기에도 20개가 넘는 메일이 와 있다. 빠르게 메일함을 훑은 뒤 절반을 삭제하거나 무시한다.

마크는 브리핑을 준비해야 한다는 사실을 떠올리고서 곧바로 작업에 착수한다.

길을 잃은 브리핑

대대장이 마크의 사무실에 들러 업무 몇 개를 추가로 지시한다. 그는 컴퓨터 모니터 위로 대대장을 쳐다보며 지시 사항을 받아 적는다. 새 업무를 수행하려면 이메일 몇 개를 더 보내야 한다.

마크는 오전에 참석해야 할 회의가 있다. 유럽에 파견된 부대와 하는 원격 화상 회의다. 매주 열리는 이 회의를 건너뛰고 싶지만, 여러 부대에서 업무 성과와 활동을 보고하는 자리라 끝까지 있어야 한다. 그는 성과는 별로 없고 일만 많이 벌여놨다고 속으로 투덜거린다.

마크는 화상 회의에 1시간이 넘도록 갇혀 있으면서 회의 시간 내내 아직 완성하지 못한 브리핑 자료와 답장해야 할 이메일에 대해 생각한다. 그렇게 그는 좌절감, 중압감, 조바심을 느낀다.

마크가 사무실로 다시 돌아오자 원사가 찾아와 의원에게 브리핑할 자료를 찾아야 한다고 다시 한 번 강조한다. 점심시간에도 마크는 컴퓨터에 달라붙어 있다. 메일을 반밖에 회신하지 못했는데, 여기저기서 전화가 걸려온다. 대부분 자잘한 업무와 관련된 전화다. 브리핑 자료를 검토할 시간이 얼마 없는데도 마크는 끊임없이 밀려드는 업무 요청을 막지 못한다.

마침내 귀빈을 맞이하고 브리핑을 해야 할 시간이 되었다.

가벼운 대화들이 유쾌하게 이어지지만, 마크는 제대로 듣지 않고 있다. 발표 자료가 부족할까 걱정되고 연습할 시간도 없었기에 불안하기 때문이다. 이윽고 선임 장교들과 부대원들에게 둘러싸인 하원의원이 회의실에 착석한다.

마크는 곧바로 발표 자료를 띄우고 정리해둔 주요 항목 수십 개를 읽는다. 발표 시작 후 2분도 안 되어서 대대장이 마크의 말을 끊는다. 그리고 앞 슬라이드에서 언급된 사소한 이야기를 강조하며 발표의 방향을 완전히 바꿔버린다. 의원이 대대장의 말에 맞장구를 치고, 둘은 아주 상세한 내용까지 파고든다. 마크는 발표 흐름을 제자리에 돌려놓지 못한다.

잠깐 옆길로 샌 대화가 주제와 상관없는 15분짜리 토론이 되고 만다. 마크는 앞에 서서 논의의 방향을 원래대로 돌려놓으려 진땀을 뺀다. 시간은 계속 흐르고, 마크가 발표해야 할 슬라이드는 10장이나 더 남았다.

대대장이 다시 마크에게 주도권을 넘긴다. 마크는 시간 안에 발표를 마치려는 조급한 마음에 부리나케 슬라이드를 넘기며 항목을 하나씩 읽는다. 이젠 누구도 그의 발표에 관심이 없다. 브리핑은 예상 시간보다 늦게 끝나고 본래 목적도 상실하고 만다.

애쓸수록 멀어지는 성공

마크는 의원을 차로 모시며 발표를 다르게 했더라면 더 좋은 반응을 끌어낼 수 있지 않았을까 생각한다. 대대장과 원사가 이

• FOCUS •

9·11테러를 초래한 소음

9·11 위원회 보고서는 단도직입적으로 "사회가 이미 경고등을 깜빡이고 있었다"라고 말한다. 끊임없이 소음을 유발해온 날조된 첩보까지 포함하면 놀라울 정도로 많은 정보가 이미 보고되고 수집되어 있었다. 하지만 운명을 바꿔놓을 그날이 다가오기 몇 달 전까지도 수집된 정보는 제대로 다뤄지지 않았다.
우리는 왜 이 모든 경고 신호를 무시했던 것일까?
보고서에 따르면, 입수된 정보 중 일부만 대통령이나 고위 관료들에게 전달된다. 선명한 경보음은 들리지 않고 잡음만 난무하는 환경이 된 것이었다.
얼마나 많은 경고 신호가 정보 더미에 파묻혀버렸는지 한번 살펴보자.

- 테러가 발생하기 2년 전, 국가정보위원회에서 발행한 보고서는 "알카에다(Al-Qaueda)가 미국 안보 이익에 매우 심각한 테러 위협을 가하고 있으며, 고폭발 물질을 실은 비행기를 펜타곤, CIA 본부 혹은 백악관에 충돌시킬 수 있다"라고 경고했다.
- 미국 연방항공국은 2001년 1월부터 9월 11일까지 열두 차례가 넘는 경고 메시지를 보냈다.
- FBI와 CIA, 국무부, 국가정보위원회 모두 위협 보고서와 경고문을 반복해서 발표했다.
- 2001년 6월 중동 지역의 방송사 알자지라(Al Jazeera)에서조차 서방 세계에 보내는 빈 라덴(bin Laden)의 협박 비디오테이프를 방송에 내보냈다.

9·11 위원회 보고서에 따르면, 그해 여름 '가까운 시일 내에 벌어질 엄청난 공격 가능성'을 암시하는 말이 급증했었다. 알카에다는 처음부터 자신들의 의도를 숨기지 않는 듯 보였으며 전 세계를 대혼란에 빠뜨릴 계획을 대담하게 선포했다. 한 첩보 보고서는 '아주 엄청나게 무시무시하고 끔찍한' 일이 곧 발생할 것이라고 경고하며 경각심을 일깨우려 했다. 심지어 「빈 라덴, 세계를 경악하게 할 공격 준비 중」이라는 충격적이고 강렬한 제목을 썼지만, 효과를 발휘하지 못했다.

번 일에 불만을 표할까 슬슬 걱정이 올라온다.

마크는 사무실로 돌아오자마자 스팸 메일과 업무 지시로 가득 차 있는 메일함을 확인한다. 소음은 멈추지 않고, 그렇게 하루는 계속된다.

마크는 손가락을 튕기면서 모든 게 사라졌으면 좋겠다고 생각하지만, 그런 일은 일어나지 않는다.

비록 평소와 다른 날이긴 했지만 마크는 불쑥 끼어드는 수많은 업무와 정보, 요청 사항을 더는 감당하기 힘들다고 느낀다. 소령 진급의 꿈이 지금 당장은 비현실적으로 보인다. 그야말로 요원한 꿈이다.

마크처럼 직장에서는 누구나 멀티태스킹을 요구받는다. 수많은 업무를 처리하다 보면 자연히 주의력이 분산되고 우리 뇌는 충동적으로 이 생각 저 생각을 계속 넘나들게 된다. 24시간 집중력을 유지하는 방법은 없다. 비현실적인 데다 에너지 소모가 심하기 때문이다. 살기 위해 우리는 팔다리를 넣었다 뺐다 하는 '호키포키hokey pokey' 춤과 비슷한 생존 게임을 한다. 바로 주의력 스위치를 켰다 껐다 반복하는 것이다.

주목! 한마디

끝없이 쏟아지는 정보, 끈질기게 끼어드는 업무, 앱에 대한 지나친 의존성, 24시간 연결된 디지털 기기는 가뜩이나 소음으로 가득 찬 근무시간을 더욱더 괴롭게 만든다.

· 08 ·

2050년 가족 이야기

과거의 삶이 훨씬 더 단순했던 것 같다. 엠마와 리암은 40년 전 어린 시절을 떠올리며 향수에 젖는다. 2010년생인 부부에게는 새 밀레니엄을 맞이한 후 수십 년간 누려온 편안한 생활에 대한 좋은 기억이 많다.

어느 날 저녁, 부부는 거실에 앉아 삶이 얼마나 바뀌었는지 이야기한다. 10대 아이들인 스테파니와 데빈은 눈을 굴리며 엄마·아빠의 말을 흘려듣는다. 어떤 것은 세월이 흘러도 변하지 않는다.

리암이 딸아이의 관심을 돌리려 애쓴 덕에(성공하진 못했지만) 겨우 가족 간 대화가 시작된다. 스테파니는 몰입형 가상 교실에서 다양한 국적의 학급 친구들과 함께 숙제하느라 몇 시간째 접속해 있다.

한 차례 실패에도 리암은 다시 딸아이를 불러 그만 가상현실을 끄고 질문에 대답하라고 재촉한다. 그의 목소리가 커지기 시작하지만, 아무도 개의치 않는다. 리암은 옛날과 비교해 삶이 너무나도 달라졌다고 생각하며 큰소리를 낸다. 그런 자신의 모습이 부모님과 닮았다고 느낀다. 하지만 얼마나 아이들이 디지털 기기에 빠져 있는지, 얼마나 주변 사람들과 단절되어 있는지 잔소리를 멈추지 않는다. 엠마가 남편의 잔소리를 듣고 이에 합세한다.

디지털 기기는 작은 시작에 불과했다

엠마는 부모님이 언니·오빠들에게 '스마트'폰을 너무 많이 사용한다며 잔소리하시던 2025년을 떠올린다. 이제 막 열다섯 살이 된 엠마도 부모님의 설교를 피할 수 없었다.

"그때 언니·오빠들의 모습은 지금 우리 아이들의 모습과 거의 비슷했어요. 스마트폰이 막 새로 나온 참이었거든요. 디지털 기기가 우리 삶 곳곳에 이렇게 깊이 침투할 것이라곤 상상하지도 못했죠." 엠마가 씁쓸하게 말한다. "저도 어렸을 때부터 디지털 기기로 인터넷에 접속하곤 했어요. 음악 스트리밍 서비스, SNS, 문자메시지, 온라인 쇼핑 등이 등장해 이제 막 모든 것을 바꾸기 시작하던 때였죠. 그 시절 우리 부모님과 마찬가지로 저 역시 디지털 기술이 앞으로 우리 삶을 얼마나 더 복잡하게 만들지 가늠을 못 하겠어요."

1980년대를 살아온 엠마의 부모님은 카세트테이프와 CD, AM/FM 자동차 라디오를 들었고 매주 목요일 밤 TV 시트콤을 봤다고 한다. 그리고 아이들이 직접 차를 운전했으며 운전 교육도 받으러 다녔다.

리암은 유치원을 다니던 시절 아이들이 얼마나 순수하고 느긋했는지 생생하게 기억한다.

"그땐 누구도 스마트폰이 없었고, 모두 유치원까지 부모님이 차로 데려다주거나 버스를 타고 다녔었죠." 그가 회상한다. "교실에는 여전히 책이 많았고 명판도 몇 개 있었으며 심지어 선생님도 계셨죠. 우리는 실제로 선생님과 대화를 나눴고 친구들과 함께 여러 활동을 했어요."

"그땐 종이와 프린터기도 여전히 사용하고 있었죠." 아내 엠마가 맞장구친다.

가족 간 심각한 대화 단절

리암과 엠마는 아이들과 대화다운 대화를 나눌 시간이 거의 없다. 삶 곳곳에 침투한 디지털 기기가 매일 아이들이 일어나서부터 잠드는 순간까지 함께하기 때문에 아이들은 부모의 필요성을 거의 느끼지 못한다. 가족의 관심이 온통 전자 기기에 쏠려 있는데 어떻게 서로 함께 시간을 보낼 수 있겠는가?

리암과 엠마는 아이들의 생활비를 벌기 위해 존재하는, 걸어 다니는 ATM 기기가 된 기분이다. 연결고리를 거의 찾을 수 없는 세상에 애써 자신을 밀어 넣어 보지만, 아이들과 의미 있는 소통을 하려 할 때마다 보이지 않는 벽이 느껴진다. 리암과 엠마는 과거를 돌아보며 자신들의 어린 시절과 지금, 부모의 역할이 얼마나 바뀌었는지 생각한다.

심지어 아이들을 훈육할 기회도 거의 없다. 부모의 지혜를 나눠주기도 쉽지 않다. 10대 청소년들은 어떤 어려움이 닥쳐도 벗어날 수 있게 도와주는 정보와 조언을 어디서든 얻을 수 있기 때문이다. 카메라와 마이크가 없는 곳이 없을 정도다. 저녁 식사 때 가족들과 소소한 대화를 나누기도 쉽지 않다. 해야 할 일이 빽빽하게 들어차 있기 때문이다.

연결되지 않으려는 노력

리암과 엠마는 아이들을 디지털 기기와 최대한 떨어뜨리려고 하지만 마음처럼 되지 않는다. 어디를 가든지 기기에 접속해야 하기 때문이다.

"우리 부모님들은 와이파이 연결만 끊으면 다 된다고 생각하셨죠. 하지만 지금은 와이파이 연결이 안 되는 곳이 없어요. 우리가 핫스팟이나 핸드폰 이야기를 하면 아이들은 우릴 놀린다니까요." 리암이 말한다.

여행을 떠나는 것도 그다지 효과가 좋아 보이지 않는다. 여기에는 여러 가지 이유가 있다. 첫째로 아이들은 가상현실 소풍으로 웬만한 건 거의 다 "경험해봤다"라고 말한다. 둘째로 아이들은 디지털 기기 연결을 끊고 부모님과 이야기하는 일을 달가워하지 않는다. 마지막으로 아이들은 여행이 새로운 가상 세계만큼 재미있지 않다고 말한다.

데빈이 리암과 엠마 옆을 지나간다. 엄마·아빠가 잔소리를 할지도 모른다는 생각이 들자 데빈은 홱 고개를 돌려 안경에 대고 몇 번 눈을 깜빡인다. 그리고 얼른 비디오 게임을 시작한다.

리암이 이를 눈치챘지만 아들에게 잔소리하여 싸움을 걸고 싶지 않다.

"우리 때도 디지털 기기는 있었죠. 하지만 모든 사물과 연동

된 기기를 쓰진 않았어요. 예전엔 핸드폰을 들고 다녔지만, 지금은 어디에나 다 내장되어 있어요. 심지어 수술해서 몸에 심는 사람까지 있다는군요." 리암이 이렇게 말하며 혀를 찬다.

삶에 녹아든 디지털 기기

데빈과 스테파니에겐 부모 세대의 어린 시절과 현재의 기술 수준 차이가 웃음거리일 수밖에 없다. 아이들은 '인터넷'과 '기술'이라는 용어를 쓸 생각조차 하지 않는다. 이미 삶의 일부이기 때문이다. 아이들은 스마트폰 중독에 대해서도 의아해하는데, 지금은 각종 카메라와 센서, 연결 기기가 사회 곳곳에서 아주 흔하게 사용되기 때문이다.

30년 전인 2020년 부모 세대가 얼마나 신형 스마트폰, 문자 메시지, SNS에 집착했었는지 듣자 아이들은 코웃음을 친다. 더는 그런 것들이 필요 없기 때문이다. 지금은 시시때때로 사람을 인식하는 화면과 센서가 여기저기 설치돼 있다.

"아이들을 기기와 떼어놓을 수 없어요. 항상 연결되어 있죠." 엠마가 말한다. "아이들에겐 숨 쉬는 것처럼 자연스럽나 봐요."

기술은 과거의 유물이 되었다

"전 친구들을 시켜 여자들에게 저와 춤추러 갈 의향이 있는지 물어보는 문자를 대신 보내게 했었어요. 친구들에게 도와달라고 두 번 세 번 말하는 것도 그리 쉬운 일은 아니었죠." 리암이 과거를 떠올리며 말한다. "반면 지금 아이들은 데이트에 공들일 필요가 전혀 없어요. 우리 때는 계획부터 짜야 했는데, 지금은 자동으로 짝을 정해주니까요. 몇백 년 전에 하던 중매결혼처럼 말이에요. 물론 부모가 아니라 알고리즘이 중매를 서긴 하지만요."

리암이 힘들게 데이트 신청했던 일화를 털어놓자 아내 엠마는 눈에 눈물이 고일 정도로 한참 웃는다. 엠마가 처음으로 고등학교 무도회에 가던 날 부모님 두 분 모두 한자리에 서서 '스마트'폰으로 똑같이 어색한 사진을 찍은 다음, 이를 온라인으로 공유했었다. 밖에서 기다리는 리무진 기사조차 안절부절못했다. 부모님과 같은 마음이었기 때문이다.

지금은 이 모든 게 굉장히 오래된 옛날이야기처럼 들린다. 자율주행차가 전부 아이들을 데려가고 아이들이 찍지 않아도 사진과 동영상은 어딜 가든 계속 찍히기 때문이다.

"직접 운전해서 학교에 가거나 스포츠 경기를 보러 갔던 친구들이 기억나네요. 부모님들은 운전 중에 핸드폰을 확인하지 말라고 신신당부하곤 했죠." 엠마가 말했다. "저희 부모님도 중고 차를 사주셨는데 운전 중에 문자메시지를 보낼까 봐 걱정하셨어요. 지금 아이들은 차를 타고 금방 다시 내리니까 그런 걱정을 할 필요가 없어요. 모든 차가 자율주행을 하고 구독 서비스로 제공되며 각종 기기와 연결되어 있으므로 더는 부주의로 인한 사고를 염려하지 않아도 되는 거죠."

보이지 않는 힘과의 싸움

리암과 엠마가 '웃픈' 이야기를 나누고 있어도 아이들은 한마디도 듣지 않는다. 이제 와 이를 바꿀 수도 없다. 기본적으로 데빈과 스테파니는 낮에 부모와 떨어져 지내며 음악, 친구, 가상 세계에 끊임없이 몰입한다.

"아이들이 밥을 안 먹으면 아마 영영 얼굴을 못 볼지도 몰라요." 리암이 불만에 찬 목소리로 말한다. "아이들은 항상 가상현실에 접속해 있고 부모가 아닌 각종 기기를 통해 교육을 받으니 우리는 아이들과 대화할 수가 없죠. 관계를 회복할 방법을 계속 찾지만, 아이들이 접속하는 기기들보다 흥미롭고 재미있을 순 없겠더라고요. 부모가 아이들에게 이렇게나 따분하고 무의미한 존재였던가 싶어요."

엠마는 한 걸음 더 나아가 부모님에게 혼나거나 억지로 집안 일을 하고 원하지도 않은 충고를 들었을 때의 감정을 떠올린다. 엠마와 리암은 아이들과 이런 시간을 무척 보내고 싶지만, 어린 시절부터 서서히 그 이빨을 드러내다 결국 사람들을 삼켜버린 보이지 않는 힘과 매일 싸우는 기분이다.

"그때 우리는 인터넷, 디지털 기기, 사람들과의 연결이라는 새로운 세상에 모두 흠뻑 빠져 있었어요." 엠마가 말한다. "디지털 기기가 얼마나 중독성이 강하며 얼마나 깊게 우리와 아이들의 삶에 스며들 수 있는지 미처 헤아리지 못했죠. 누구도 그런 시대가 오고 있는지 몰랐고, 얼마나 빨리 오는지도 알 수 없었어요."

우리의 미래와 디지털 기기 사용에 대해 잠시 생각해보자. 지금도 기기와 항상 연결되어 있다고 느낀다면, 20년 후에는 어떤 모습을 하고 있을까?

주목! 한마디

미래 부모들은 아이의 관심을 얻기 위해 24시간 연결된 기기와 경쟁해야 할지도 모른다. 가상현실을 비롯한 디지털 기기는 가족의 근간을 해치는 위협이 될 수 있다. 기존의 가족 구성원 간 역할과 상호작용을 저해할 수 있다.
우리는 만연해진 디지털 기기의 사용을 예의주시해야 한다. 그렇지 않으면, 기기에 중독돼 고립될 수 있으며 가족 간 유대감과 인간관계 또한 약해질 것이다.

• 09 •

안전 수칙을 무시한 대가

승객들은 연기구름에 둘러싸인 채 멈추지 않는 비를 맞으며 망연자실한 표정을 지었다. 그들의 비행기는 비상 착륙 후 활주로를 벗어나 조그마한 호수 옆 들판에 멈춰 섰다. 기체 일부분은 까맣게 타 있었다. 엔진 폭발과 착륙 장치 고장이라는 보기 드문 악재가 겹쳐, 폭풍우가 몰아치는 날씨에도 비행기는 활주로가 짧은 시골의 작은 공항에 착륙해야 했다.

"사망자가 없다는 게 기적이에요." 구조대원이 말했다. "하지만 좀 혼란스럽네요. 비상 상황에 제대로 대처한 사람이 아무도 없었거든요."

오랫동안 문제가 된 승객들의 기내 안전 방송 무시 행태가 마침내 수면 위로 떠올랐다. 그동안의 연구에 따르면 이는 이미 예견된 사고였다. 많은 사람이 안전 방송을 성가신 비행 전 절차라고 생각해 평소 집중해서 보지 않는다고 했다. 이 같은 잠재 위험을 인지한 항공사는 유명인을 출연시키거나 코미디 요소를 가미하거나 최대한 간결하게 설명하는 등 갖은 방법을 동원해봤지만, 승객들은 계속 안전 방송을 무시했다.

아수라장이 된 기내

당시 비행기는 기상 악조건 속에서 약 11,300미터 고도로 비행 중이었다. 그런데 갑자기 엔진이 폭발하며 불길이 치솟아 기체에 구멍이 뚫렸다. 즉시 객실 내 기압이 떨어졌고 승객들은 영하의 온도와 산소 부족에 그대로 노출되었다. 산소마스크가 제공되었지만, 대부분 마스크 쓰는 방법을 전혀 알지 못했다. 창문 근처에 난 구멍이 점점 커지면서 근방에 앉은 승객들이 구멍 속으로 빨려 들어갈 뻔했으나 안전벨트를 착용한 덕에 살 수 있었다.

나중에 알려진 바로는 순식간에 디지털 기기 수십 개가 구멍 속으로 빨려 들어갔다고 한다.

악천후 속에서 비행기가 급강하하자 승무원은 근처에 착륙할 공항이 있는지 탐색했다. 객실 안은 혼란 그 자체였다. 승객들은 공포에 질렸다. 승무원들이 승객들을 진정시키려 애썼지만, 누구도 그들의 말을 듣지 않았다. 빨리 산소마스크를 쓰지 않으면 뇌에 산소가 부족해지는 저산소증으로 생명이 위험해질 수 있었다. 난기류와 번개가 승객들의 공포심에 불을 지폈다.

"승객들은 안전 방송을 무시했고 대부분 산소마스크를 착용하지 않거나 잘못 착용하고 있었어요." 한 목격자가 말했다. "사람들은 비명을 지르거나 승무원들에게 소리쳤고, 핸드폰과 노트북을 인터넷에 연결해 메시지를 보내려 했죠."

아수라장 속에서 총회를 마치고 돌아오는 길이었던 은퇴한 예비역 군인들이 움직였다. 그들은 객실을 돌아다니며 승객들이 제대로 산소마스크를 썼는지 확인하고 핸드폰을 끄고 승무원들의 말을 듣도록 조치했다.

"승객들에게 강제 조치 같은 것이 당장 필요한 순간이었습니다." 군인이 말했다.

비행기가 작은 마을에 있는 공항에 접근하면서 15분 넘게 하강하는 사이 조종석에서는 더 심각한 문제가 터졌다. 엎친 데 덮친 격으로 착륙 장치가 고장 난 사실을 발견한 것이다. 넓은 활주로를 쓸 수 있는 상황이라면 활주로를 지날 때 밑에서 응급요원들이 바퀴가 제대로 달려 있는지 확인할 수 있다. 하지만 지금처럼 심각한 위기 상황에서는 활주로가 짧아도 착륙하는 수밖에 달리 방법이 없었다.

"착륙 장치가 고장 나 비상 착륙에 대비해야 한다는 방송이 나왔어요." 승무원이 말했다. "그 순간 사람들은 이성의 끈을 놓아버렸죠. 군인들이 승객들을 진정시키려 했지만, 최악의 날씨에 비행기는 땅으로 곤두박질치고 있으니 모든 상황이 절망감을 자아낼 뿐이었어요. 승무원들이 안전 수칙을 알려줘도 사람들은 우리의 안내가 아니라 핸드폰과 문자메시지가 목숨을 구해줄 거라 믿었죠."

• FOCUS •

목숨이 달려 있어도 집중하지 못하는 뇌

기술 훈련은 고통스럽고 지루하고 따분할 수 있다. 이는 주로 지나치게 자세하게 설명하거나 준비가 부족했거나 혹은 무능력한 교관 때문에 그렇다.
어느 오후, 나는 군인들을 대상으로 간결한 소통법을 강의하고 있었다. 우리는 훈련을 주제로 토론을 시작했다. 분위기는 활기차게, 내용은 쉽게, 훈련은 덜 고통스럽게 진행하려면 어떻게 해야 할지 구체적으로 의견을 나누려 했다. 군대의 훈련 진행 방식이 대부분 수준 이하인 것으로 드러났기 때문이다.
자유롭게 이야기를 주고받는 동안 참가자 한 명이 불쑥 말을 꺼냈다.
"자대 배치 전 짧게 받았던 훈련이 생각나네요." 그가 무표정하게 말했다. "머릿속으로 '자, 저 사람이 하는 말을 잘 들어야 해. 그렇지 않으면 죽을 수도 있어' 라고 생각하며 혼잣말했던 순간이 선명하게 기억납니다. 그런데 몇 초 뒤 완전히 넋이 나가 교관의 말을 한마디도 못 들었다는 사실을 깨달았어요. 교육 내용을 전부 놓친 셈이었죠."
강의실 안 군인들은 웃음을 터트리며 다들 비슷한 경험이 있다고 고백하거나 집중력 부족으로 자신이 죽지 않은 게 기적이라며 놀라워했다.
그의 이야기를 듣고 나서 나는 잠시 생각에 빠졌다. '목숨이 달려 있는데 집중하지 않아 내용을 놓치다니, 어떻게 그럴 수 있지?' 각자 그 상황에서 전혀 집중하지 못했다고 생각해보라. 상상만으로도 끔찍하다.

단 한 명도 안전수칙을 지키지 않았다

비행기는 가까스로 착륙했다.

모두가 잔뜩 겁에 질려 어쩔 줄 모르는 사이 손상된 비행기는 사방으로 연기를 내뿜으며 활주로로 빠르게 미끄러졌다. 기적적으로 기체가 부서지진 않았다. 비행기가 굉음을 내며 활주로에서 멀리 떨어진 호수 근처에 멈춰서자 승객들은 한꺼번에 뛰어나와 탈출을 시도했다.

"아무도 지시 사항을 따르지 않았어요." 승무원이 말을 이었다. "모두가 자리에서 일어나 소지품을 챙겨 출입문을 향해 몰려들었죠. 교통체증을 방불케 했고 승객들을 대피시키는 게 거의 불가능했어요. 사람들이 비상 출입문 위치를 제대로 알지 못했거든요."

기내에 연기가 차오르기 시작하자 예비역들이 나서서 사람들을 집중시키고 통솔했다. 승무원 세 명과 은퇴한 군인 열두 명이 힘을 합쳐 승객들을 모두 안전한 곳으로 대피시켰다. 지역 응급 구조대가 대부분의 불길을 잡고 계속 내리던 비가 나머지 작은 불씨들을 잠재웠다.

"부상자가 아무도 없다는 사실이 놀라웠습니다." 군인이 말했다. "안전 방송을 제대로 듣는 사람이 한 명도 없었어요. 대부분 방송을 무시했죠. 게다가 각자 가방부터 챙기며 모두를 위험에 빠트리는 모습을 지켜보는 게 무서웠습니다."

주목! 한마디

공상하거나 멍하게 있거나 혹은 주의가 산만하거나 듣고 있는 정보가 불필요하다고 단정 짓는 행동은 직업, 승진, 심지어 목숨에도 영향을 미칠 수 있는 위험한 습관이다.

우리는 듣기 습관을 스스로 점검해봐야 한다. "전에 다 들었던 내용이야"와 같은 태도는 절망적인 결과를 가져올 수 있기 때문이다.

“어디로 가고 있는지 모르면
엉뚱한 곳으로 가게 된다.”

NOISE

·PART 3·

깨어 있는 뇌

NOISE

• 10 •

잠자는 의식을 깨워라

우리는 의식을 관리해야 할 책임이 있다. "경기에 온 정신을 집중하라"라는 표현처럼 의도적으로 그렇게 할 필요가 있다. 어찌 되었건 머릿속이 잡념으로 흐트러지기 시작하면 진짜 방황하게 되는 건 우리 정신이다.

우리는 의식을 완전히 다른 곳에 둔 채 몇 시간 혹은 며칠을 쉽게 흘려보낼 수 있다. 이를테면, 출근길에 운전하면서 어디에서 방향을 꺾었는지 혹은 교통 상황이 어땠는지 우리는 전혀 기억하지 못한다. 1시간 동안 회의실에 앉아 있었지만, 무슨 이야기가 오갔는지 흐릿할 때도 있다. 대화 중 상대의 말은 귓등으로 흘리며 오늘 밤 좋아하는 팀의 경기가 있는지 생각하거나 앉은 자리에서 몇 시간씩 스마트폰을 들여다본 후에도 무엇을 보고 읽었는지 기억에 없다.

의식awareness은 언뜻 이해하기 쉬운 개념처럼 보이지만 사실은 정의하기 어렵다. 집중, 앎, 마음 챙김, 각성, 깨달음, 인지, 자각, 이해 등과 같은 뜻으로 자주 쓰이기 때문에 그 의미가 불분명하거나 왜곡되기 쉽다.

의식적으로 집중하기

앞서 이야기한 대로, 주의력은 쉽게 고갈되기 때문에 소중하고 특별한 자산이다.

템플러피(Templafy, 기업의 브랜드 및 문서관리를 지원하는 미국의 스타트업 기업-옮긴이)에 따르면, 사무직 근로자들은 하루 평균 121개의 이메일을 받고 40개의 업무 이메일을 보낸다. 이런 식으로 방해가 계속되면 우리 뇌는 지칠 수밖에 없다. 뇌를 쓸수록 줄어드는 정신 활동의 연료 탱크라고 가정해보자. 모든 일에 주의를 빼앗기는 것은 기름이 다 떨어질 때까지 차를 모는 행동이나 다름없다.

다시 말해, 의식 관리는 의식적으로 집중하기다. 이는 그림자나 희미한 빛 혹은 어둠에 가려진 물체를 비추는 손전등과 같이 우리 마음의 길을 비춘다.

길이 어둑어둑하면 우리 앞에 무엇이 놓여 있는지 보지 못할 수 있다. 하지만 불이 환하게 길을 비춘다면 우리는 모든 것을 선명하게 볼 수 있다. 즉, 의식을 등반가의 헤드램프로 이해하면 된다. 헤드램프가 길을 밝혀주기에 등반가는 자신 있게 그 길을 걸어갈 수 있다.

간단히 말해, 의식을 다스리면 등반가의 헤드램프는 더욱 제 역할에 충실해지고 불빛은 더욱더 환하게 길을 비추게 된다.

『포커스: 당신의 잠재된 탁월함을 깨우는 열쇠』의 저자 대니얼 골먼Daniel Goleman에 따르면, "높은 집중력을 발휘하면 뇌를 구석구석 사용할 수 있으며 좀비처럼 의식 없이 사는 삶의 해독제가 될 수 있다. 우리는 광고 방송의 내용을 조목조목 따져보거나 주변에서 일어나는 일에 주의를 기울이고, 의식 없이 습관적으로 하는 행동에 의문을 품고 이를 어떻게 개선할지 고민해볼 수 있다. 이처럼 명확한 목적을 가지고 집중하면 의식을 놓아버리는 습관을 막을 수 있다."

삶 자체가 흐릿해질 수 있다

아무 생각 없이 보낸 순간이 모여 며칠, 몇 주, 몇 달, 심지어 어떤 이들에게는 몇 년이 될 수 있다. 자기 삶의 운전대를 잡지 않고 뒷좌석에 앉아 방관만 하는 위기가 닥친다.

어디로 가는 거지? 내가 뭘 하는 거지? 무슨 생각을 하고 있었지?

친구이자 고객인 톰이 오래전 심각한 마약 중독으로 고생한 날들을 이야기하던 때가 떠오른다. 톰은 친구들의 도움으로 약물 중독에서 벗어났고 그 과정에서 여러 장애물을 극복해냈지만, 그의 과거는 상당히 어두웠다.

현대판 성공 신화를 쓴 현재 톰의 삶은 심각한 마약 중독자였던 과거의 삶과 극명하게 대비된다. 하루는 톰과 대화 도중 마이애미에서 마약에 중독돼 다리 밑에서 지냈던 삶이 어땠는지 물었다(톰은 실제로 그렇게 살았다).

"잘 기억이 안 나." 그가 말했다. "언제 한 번 한 달 동안 라틴아메리카 대륙을 여행한 적이 있었어. 바닷가에 도착해서 그 일을 생각해봤는데, 정말이지 하나도 기억이 안 나더군."

지금까지도, 톰의 이야기를 떠올리며 어떻게 삶의 기억이 흐릿해질 수 있는지 생각해보면 의식 없이 일상을 보내는 사람들의 미래가 자못 걱정스럽다. 사람들의 몸은 이곳에 있지만, '정신'은 이곳에 없다.

톰의 모호한 기억은 심각한 약물 중독의 결과이긴 하나 우리가 간과하고 있는 비슷한 유형의 위험을 말해준다. 바로 어떤 기억 혹은 삶이 통째로 날아가버릴 수 있다는 것이다. 의식 없이 이 일 저 일 빠르게 왔다 갔다 하는 시대에 우리는 대개 이런 위험을 대수롭지 않게 여긴다. 아이들의 말을 듣는 둥 마는 둥 하거나 동료나 고객이 보내는 신호를 무시하거나 중요한 결정을 내리는 데 필요한 핵심 세부사항을 놓치는 식이다.

우리는 많은 순간을 그냥 지나칠 뿐, 그 순간에 몰입하진 않는다. 목표와 목적의식을 가지고 집중하면 그 순간을 더 충실히 보낼 수 있으며, 의미 있는 추억을 만들거나 생산성·영향력·완결성을 높일 수 있는데도 말이다.

몇 년 후 친구 톰은 흐릿해지고 가물가물해진 세월을 다시 기억해내려 애썼다. 우리 중 대다수는 주의를 산만하게 하는 소음에 심각하게 중독돼 톰과 비슷한 운명을 맞이할지도 모른다.

집중력은 아껴 써야 하는 에너지와 같다

우리의 주의력은 소모되기 쉬우므로 아껴 써야 하는 자원이다. 하지만 뇌의 연료 탱크를 잘못 사용하는 바람에 에너지가 심각하게 낭비되고 있다. "주의를 기울이다"라는 말 자체에도 에너지를 쏟는다는 의미가 내포되어 있다. 정신을 산만하게 하는 수

많은 방해물이 있다 해도 아침부터 저녁까지 주의력을 잃지 않고 유지하려는 노력을 의식적으로 해야 한다.

우리 사무실에서는 '비치볼'에 대한 농담을 자주 한다. 여기서 '비치볼'은 컴퓨터 아이콘으로, 요청 작업을 처리 중이나 크게 진전이 없다는 뜻이다. 함부로 써버린 주의력은 실을 뽑아내지는 못하면서 그냥 돌아가기만 하는 물레와 같다고 생각하면 이해하기 쉽다.

이제 막 하루가 시작됐는데 무의미한 정보를 소비하고 쓸데없는 생각을 하느라 순도 높은 주의력을 다 써버렸다고 상상해보자. 아침에 뉴스피드를 읽고 SNS를 확인하거나 살지도 않는 도시의 일기예보를 보고 잔뜩 쌓인 이메일을 삭제하는 등 이 일 저 일을 왔다 갔다 하며 이미 우리는 이 소중한 에너지를 허비하고 말았다.

중요한 순간에 주의력을 조금씩 잃을 때마다 첫 미팅에서 효과적으로 발표하거나 진짜 집중력을 발휘해야 할 다소 어려운 업무를 해결하는 역량이 약화된다. 이와 같은 일을 할 때 대개는 '의식 없는' 활동을 반복하고 싶어 하는 뇌의 욕구대로 마음이 기운다.

멀티태스킹은 이미 보편적인 문제가 되었다. 리서치 회사 유데미Udemy Research에 따르면, 응답자의 70퍼센트가 근무 중 주의력이 산만해진다고 느꼈으며, 이 중 16퍼센트는 거의 매일 주의력이 산만한 상태라고 털어놓았다. 밀레니얼세대와 Z세대의 36퍼센트는 근무 중 2시간 이상을 SNS를 확인하는 데 쓴다고 답했다. 이런 상황에서 경기에 온 정신을 집중하기란 어렵다.

숨어 있는 600단어는 적일까, 친구일까?

앞서 뇌가 엄청나게 많은 정보를 처리한다는 사실을 이야기한 바 있다. 한 연구 결과에 따르면, 뇌는 분당 약 750개의 단어를 처리할 수 있다. 하지만 우리는 분당 약 150개의 단어만 말하거나 읽는다.

빠르게 계산해봐도 우리에겐 머릿속을 떠도는 약 600개의 '숨어 있는' 단어가 추가로 남아 있다. 뇌의 뛰어난 정보처리 능력 덕분에 우리는 실제로 '의식이 깨어 있는지' 즉각 알아차릴 수 있다.

숨어 있는 600단어는 축복과 저주, 둘 다가 될 수 있다.

브리프랩 수강생들은 숨어 있는 600단어의 개념을 이해하고 나서 삶이 근본적으로 바뀌었다고 말한다. 많은 이들이 '머릿속에서 들리는 목소리'를 이해한 후 매우 효과적으로 의식을 관리할 수 있게 되었다.

다시 말해, 숨어 있는 600단어의 개념을 인지하면 스스로를 되돌아보고 우수한 뇌를 충동적인 반응을 알아차리는 데 효과적으로 사용할 수 있으며, 시도 때도 없이 파고드는 잡념을 잠재울 수 있다. 뇌가 가진 뛰어난 능력(숨어 있는 600단어)을 활용해 자기 자신을 되돌아보는 것은 언제나 훌륭하다. 부정적이고 타인의 기분을 상하게 하며 도움이 안 되는 말을 충동적으로 하려 할 때 특히 더 이런 자세가 필요하다. 이는 머릿속에서 뇌와 끊임없이 대화를 이어나가는 것과 비슷하다.

제멋대로 날뛰는 생각들

우리의 통제를 벗어난 숨어 있는 600단어는 다락방에 풀어놓은 다람쥐가 제멋대로 돌아다니는 상태와 같다. 다람쥐는 다락방 곳곳을 돌아다니며 엉망진창으로 만든다. 우리는 다람쥐를 잡을 수도, 상황을 통제할 수도 없다.

통제를 벗어난 잡념이 머릿속 한구석을 어떻게 휘젓고 돌아다니는지 한번 살펴보자.

'이 안건에 대해 추가 의견을 말해야겠다. 잠깐만, 그냥 그녀의 말이 끝날 때까지 듣고 있는 게 낫겠다.'

'회의하는 동안 어떤 이메일이 와 있을지 궁금하군. 아니지, 지금은 회의에 집중해야지. 이메일은 나중에 확인하면 되니까.'

'도대체 발제자의 의도가 뭐지? 잠시만, 객관적인 시각을 유지해야 해. 조금만 더 기다려보자.'

'오늘 저녁 뭐 먹지? 잠깐, 이건 지금 회의랑 아무런 상관없잖아.'

'도대체 그는 언제까지 이 글을 읽는 거지? 다음 안건으로 넘어가기는 할까? 아니야, 더 좋은 이야기가 남았을지도 모르잖아.'

의식 없는 뇌 깨우기

많은 이들이 마음 챙김mindfulness에 관해 이야기해왔다. 마음 챙김은 사업가와 유명 인사는 물론 일반 대중의 마음도 아주 강렬하게 흔들어놓았다.

금방 뜨거워진 유행이 대개 빨리 식어버리듯 마음 챙김에 관한 관심도 상당 부분 희미해졌다고 생각한다. 하지만 '의식이 깨어 있는지' 더 잘 알고 싶고 이와 관련된 활동을 적극적으로 하려는 근본적인 욕구는 사라지지 않을 것이라고 확신한다.

핵심은 의식 없이 정신적 에너지를 낭비하는 상황을 피하고 집중력을 위한 에너지를 아끼고 보존하는 방향으로 가는 것이다. 우리는 주의력의 양과 질을 모두 고려해야 한다.

어디서부터 어떻게 의식을 깨우고 관리할 수 있을까? 깊은 잠에서 깨어나려고 애쓸 때처럼 의식을 깨우는 데 가장 좋은 방법은 평소 늘어지거나 심하게 해이해졌다고 느꼈던 삶의 핵심 영역 몇 군데에 의식 깨우기 알람을 울리는 것이다.

- 인간관계 나는 주변 사람들에 대해 잘 알고 있는가? 인간관계가 지나치게 피상적으로 흘러가고 있진 않은가?
- 평판 회사에서 나는 할 일을 제대로 해내는 사람인가? 아니면 이 일 저 일을 벌리기만 하고 제대로 끝내지 못하는 사람인가?
- 생산성 시간을 들여 처리하는 문제가 핵심적인 일인가 아니면 사소한 일인가? 그 일에 에너지를 많이 쓰는데도 이렇다 할 성과를 내지 못하고 있는가?

이처럼 의식이 깨어 있는지 알아차릴 수 있게 도와주는 경고등은 우리의 의지력과 목적의식, 동기를 강화한다. 의식을 '화면보호기'와 같은 상태에 빠지도록 방치한다면 우리는 지금 무슨 일이 일어나는지 전혀 자각하지 못한 채 삶을 스쳐 지나가게 될 것이다.

주의력의 3가지 유형

우리 뇌가 어디에서 어떻게 집중하는지 깊게 파고들다 보면 '주의를 기울이다'라는 표현이 얼마나 적절한지 알 수 있다.

주의력은 다음과 같이 세 가지 유형으로 나뉜다.

- '방향이 있는 주의력 directed attention'은 어떤 일에 집중하겠다는 우리의 선택이다.
- '방향이 없는 주의력 undirected attention'은 뇌가 자유롭게 생각하도록 두는 의도된 행동이다.
- '방향이 잘못된 주의력 misdirected attention'은 생산성을 떨어뜨리고 에너지를 소모해 뇌를 더욱더 피곤하게 만든다.

아래 표를 참고하면 각 유형의 주의력을 더 쉽게 이해할 수 있다.

방향이 있는 주의력	방향이 없는 주의력	방향이 잘못된 주의력
의식적으로 집중	일부러 생각이 떠다니게 내버려둠	집중하지 못하고 산만함
	예시	
비행기 창밖을 내려다보며 현재 위치 확인	비행기 창밖의 구름과 발아래 땅을 내려다봄	비행기 창밖을 내려다보며 예기치 못한 난기류를 만나게 될까 걱정

비유		
밤에 책을 읽기 위해 전등을 켠다	한밤중 잠에서 깰 때를 대비해 야간 조명을 켜둔다	집에 아무도 없는데도 모든 전등을 켜둔다
위기/보상		
주변 환경을 명확하게 파악할 수 있다	긴장이 풀린 상태에서 영감이 떠오를 수 있다	시간과 에너지를 낭비할 뿐 얻는 것은 거의 없다

집중력을 높이는 법을 다룬 대니얼 골먼의 책에서도 우리의 의식과 산만한 마음 사이에 계속되는 싸움을 탐구한다. "신경적 차원에서 주의 분산과 감각 인식은 서로를 제어하는 성향이 있다. 노을이 지는 아름다운 광경에 몰입하면 마음이 차분해지지만, 꼬리에 꼬리를 무는 상념이 파고들면 감각 인식은 차단된다. 지금 하고 있는 일에 완전히 몰두하면 우리는 모든 감각을 전적으로 차단할 수 있다."

이 싸움은 호기심의 혜택을 누리지 못하게 방해할 수 있으므로 우리는 마음이 가장 잘하는 것을 하게 내버려두고 긍정적인 주의력 습관을 들여야 한다.

의식 관리에 전념하기

'관리management'라는 단어가 들어간 기업의 핵심 업무를 모두 떠올려보자. 예를 들어, 인적자원 관리는 사람을 다루며, 공급망 관리는 물류와 제품을, 위기 관리는 예기치 못한 사고와 위험 요소를 다룬다. 기업의 다른 업무와 마찬가지로 이 일들을 하려면 다양한 요구 사항을 처리할 수 있는 전문적인 관리 기술이 필요하다.

어떤 일을 하건 우리는 긍정적인 결과를 얻기 위해 시간과 자원, 주의를 쏟는다. 의식 관리는 그중 가장 먼저 해야 하는 일이다. 그래야 사회적으로나 개인적으로나 성공을 거둘 수 있다.

• FOCUS •

공학자들을 위한 마음 챙김

노스웨스턴대학교의 조 홀트그리브(Joe Holtgreive) 교수는 20여 년 전 공대생들을 가르치기 시작했을 때, 학생들이 극도로 스트레스를 받으면 문제 해결 능력이 떨어진다는 사실을 깨달았다. 학생들의 학업 성취도는 마음이 얼마나 평온한지, 어려운 과제를 받았을 때 주의력을 어떻게 관리하는지에 따라 크게 달라졌다.

"불확실성이 강한 시기에 주의력이 발휘하는 힘은 시간이 지날수록 점점 더 명확해졌습니다."

홀트그리브 교수는 공대생들이 복잡하고 어려운 문제를 해결하는 데 필요한 분석 능력을 인정받아온 인재들이라고 강조한다. 하지만 이들도 감정적이고 직관적인 생각을 하는 인간이기에 스트레스에 시달리는 상황에서는 제대로 그 능력을 발휘하지 못할 수 있다. 스트레스에 대한 자연스러운 반응으로 집중력이 떨어지거나 실수를 연발하는 것이다.
홀트그리브 교수는 학생들을 성공한 공학자뿐 아니라 스트레스에 강하며 뛰어난 문제 해결력을 갖춘 인재로 키우기로 했다. 그는 노스웨스턴대학교와 함께 공학자들을 위한 자기계발연구소를 설립해 학생들에게 '공학자에게 필요한 마음 챙김(engineering mindfulness)'을 가르치고 있다.
홀트그리브 교수는 '공학자에게 필요한 마음 챙김'을 현재를 충실히 살아가는 데 꼭 필요한 주의력이라고 설명한다. 그의 목표는 학생들이 이러한 핵심 역량을 개발하는 데 도움을 줄 수 있는 다양한 구조와 체계를 갖춘 연구소를 설립하는 것이었다.
그와 동료 교수들은 학생들이 지금 당장 해결해야 할 어려운 문제로 골머리를 앓고 있을 때 '아무것도 하고 싶지 않은' 충동을 떨쳐내는 방법을 알려준다. 주의를 산만하게 하는 방해물을 없애 눈앞에 놓인 문제에 집중하도록 만들어주는 것이다. 자기계발연구소의 커리큘럼은 명사들을 초청하여 진행하는 워크숍을 비롯해 감성 지능과 마음 챙김, 춤과 코미디 즉흥 연기까지 다양한 강의로 구성되어 있다.
"지금, 이 순간은 삶에서 우리의 존재를 드러낼 유일한 기회입니다. 따라서 어떻게 우리를 드러낼 것인가는 중요한 문제죠. 학생들이 현재 본인이 가진 힘을 깨달을 수 있게 도움을 줄 수 있어 정말 영광입니다."

나는 주의력을 빼앗아가는 소음에 굴복한 적이 많았다. 몇 시간 동안 인터넷을 하거나 누군가가 남긴 쓸데없는 댓글에 집착하거나 아무것도 아닌 일을 걱정하느라 에너지를 낭비했다. 결국, 내 의식을 관리하지 않은 대가를 어떻게든 치렀다.

다음은 '소음 위기 목록'으로 주변 소음에 아무 생각 없이 빨려 들어갈 때 우리가 겪는 위기에 관한 내용이다.

- 시간 낭비
- 불필요한 걱정
- 집중력 상실
- 신호 파악 불가
- 정신 혼란
- 잘못된 의사 결정
- 충동적으로 행동
- 반응 지연
- 정신적 피로
- 상상력 부족

위 목록은 훨씬 더 길어질 수 있다. 정신을 온종일 어디에 뒀는지도 모른 채 습관적으로 방치한다면 어떤 결과를 마주하게 될지 곰곰이 생각해보라.

앞에서 언급했듯이 불필요한 소음을 소비할 때는 뇌가 '셀러리'를 소비하는 것이나 다름없다. 아무런 영양가도 없는 정보는 주의력을 빼앗아 갈 뿐 아니라 뇌에도 폭격을 가한다. 쏟아지는 불필요한 정보와 불쑥 들어오는 방해물, 뇌를 망가뜨리는 패배주의적인 생각에서 자기 자신을 지켜야 한다. 사고하지 않으면 우리 뇌는 퇴화한다.

의식 관리에 앞서 해야 할 일

라디오의 다이얼 버튼처럼 우리도 매일 습관처럼 의식 관리를 실천할 수 있게 도와주는 일종의 준비 버튼을 설정할 수 있다.

다음은 의식 관리의 달인이 될 수 있는 비결이자 실생활에 적용할 수 있는 몇 가지 팁이다. 이어지는 장들에서 자세히 다룰 예정이다.

1. 중요한 일에 시선을 고정한다.
2. '아니'라고 말한다.
3. 조용하게 휴식을 취한다.
4. 현재 상대가 하는 말을 집중해서 듣는다.

주목! 한마디

의식이 깨어 있어야 순간순간 무의미하고 비생산적인 소음을 피해 눈앞의 일에 제대로 집중할 수 있다. 의식 없이 습관적으로 하는 행동이 어떻게 뇌에 부정적인 영향을 미치는지 알아야 한다. 한편 새로운 아이디어와 감정, 관계를 알아차리려면 일부러 마음이 산만해지도록 내버려두는 시간도 필요하다. 멍한 상태로 상념에 빠지는 것은 집중하는 것만큼 생산적일 수 있다. 항상 강박적으로 집중력을 유지하기보단 머릿속에서 생각이 자유롭게 드나들 수 있도록 내버려두는 편이 뇌의 휴식과 긴장 해소에 도움이 되며, 통찰력도 얻을 수 있다. 방향이 있는 주의력과 방향이 없는 주의력 모두 우리에게 꼭 필요한 것이다.
의식을 관리하고 뇌의 에너지를 갉아먹는 생각과 행동을 피하는 연습을 하자.

• 11 •

가장 중요한 곳을 조준하라

이 장에서는 '가장'이라는 단어를 자주 보게 될 것이다. 지금 '가장' 중요한 것은 무엇인가? 많은 선택지 가운데 '더' 중요한 것이 아니라 '가장' 귀중하고 최우선 순위에 있으며 극도로 소중하고 중요한 것을 묻는 말이다. 우리는 모두 그곳을 정확하게 겨눠야 한다.

전설적인 야구 선수 요기 베라Yogi Berra의 명언 중 "어디로 가고 있는지 모르면 엉뚱한 곳으로 가게 된다"라는 말이 있다. 이 묘한 말을 되새기며 직장과 가정에서 어떻게 우선순위를 정하고 있는지 한번 생각해보라.

해야 할 일의 우선순위를 정확하게 알고 있는가? 그것이 실제로 업무에 도움이 되는가? 성과를 내고 싶은 일들이 있지만, 그럴 가능성이 전혀 없어 보이는가? 소음의 방해로 일에 집중하지 못한다고 생각하는가? 아니면 아예 그런 자각조차 하지 못하는가?

많은 사람이 구체적인 목적지(예를 들어 주소나 호텔, 랜드마크 등)를 정하지도 않고 길을 나서는 것과 비슷한 상황에 놓여 있다. 뇌는 우리가 아무 곳이나 되는 대로 가고 있다고 생각한다.

이후 자신의 행적을 따라가 보면 길바닥에서 얼마나 많은 에너지와 시간을 낭비했는지 알 것이다. 정보 비만과 소음의 시대에 우리는 거칠게 이리저리 방향을 비틀고 꺾으며 정처 없이 헤매는 삶을 살지도 모른다. 그리고 많은 경우 이런 삶을 살고 있다는 사실조차 깨닫지 못할 것이다.

가장 중요한 문제에 집중할 수 있다면 우리에게 아직 기회는 있다.

작지만 확실한 일에 집중하라

그렉 맥커운Greg McKwown은 대표작 『에센셜리즘: 본질에 집중하는 힘』에서 생활 속 선택지를 줄이는 동시에 많은 일을 떠안는 부담을 덜어내기 위한 효과적인 방법을 제시한다. 그는 독자들에게 에센셜리스트essentialist가 되라고 말한다. 많은 일을 떠안는 사람들은 에센셜리스트가 아니다.

에센셜리스트는 더 적고 핵심적인 일을 선별해 집중한다. 비에센셜리스트는 다른 사람이나 환경이 우선순위를 정하도록 내버려두며 여러 가지 일을 좇는다.

다음 표를 보면 차이점이 선명하게 드러난다.

에센셜리스트	비에센셜리스트
더 적게	더 많이
절제	혼란
간결	장황
자주 '아니오'라고 말한다	모든 일에 '네'라고 말한다
정확한 한 방	무차별 폭격
확신	의심
고요함 추구	온통 소음

맥커운은 현실을 정확하게 반영한 메시지를 전달하고 있다. "가능한 선택지의 개수만 빠르게 증가하는 것이 아니다. 우리가 내리는 결정에 대한 외부의 간섭 역시 빠르게 증가하고 있다."

선택지가 너무 많아도 문제다

우리 삶은 점점 더 많은 물건으로 넘쳐날 수 있다. 수집광의 옷장, 지하실, 침실처럼 우리 뇌는 매 순간 불필요하고 사소한 정보와 멈출 줄 모르는 소음으로 가득 차 있다. 이와 같은 정보와 소음은 당시엔 중요한 듯 보여도 나중엔 별 가치가 없는 것으로 드러난다.

게다가 우리는 선택해야 할 사항이 한둘이 아니다. 인터넷에서 영화 한 편을 빌려 보는 데도 많은 것을 따져봐야 한다. 식료품점에 가서 파스타 면과 소스를 찾는다고 가정해보자. 선택지는 수십 가지다. 앱스토어에서 게임을 찾을 때도 끝이 보이지 않는 목록을 몇 시간이고 확인할 수 있다. 많은 사람이 이런 상황에 부담을 느끼고 혼란스러워하며, 특히 무엇이 옳은 선택이고 피해야 할 선택은 무엇인지 확실한 기준이 없을 때 더욱더 그러하다.

미국의 블로그 서비스 업체 테크더트닷컴techdirt.com은 동영상 스트리밍에 관한 기사에서 우리의 선택지가 너무 많다는 사실에 주목한다. 올해로 열세 번째인 딜로이트의 연간 디지털 미디어 트렌드 조사Deloitte's Anuual Digital Media Trends에 따르면, 과반에 가까운(47퍼센트) 미국 소비자들은 원하는 영상을 보기 위해 구독해야 하는 동영상 서비스 업체 수가 점점 늘어나 괴로워한다.

미국의 통신·미디어·연예 업계를 선도하는 딜로이트 케빈 웨스트콧Kevin Westcott 부사장은 "소비자들은 무작정 많은 선택지를 원하는 게 아니라 적당한 수준의 다양성을 원한다"라고 말했다. 웨스트콧 부사장은 해당 연구를 총괄하며 "우리는 구독 피로subscription fatigue 시대에 진입하고 있다"라고 언급했다.

손가락 사이로 빠져나가는 물처럼 우리는 에너지와 시간이 계속 낭비되고 있음을 느낀다. 우리의 주의력을 끌어당기는 모든 것이 중요해 보이지만, 사실 중요한 것은 극소수에 불과하다. 소음이 커질수록 삶을 사는 게 아니라 제자리에서 빙글빙글 돌고 있는 것처럼 느껴진다.

소음을 걷어내자 벌어진 일

회사의 중간 관리자이자 두 아이의 아버지인 스티브는 어느 날 바쁘기만 하고 내실은 없는 일상이 얼마나 무의미한지 깨닫고는 벽을 쳤다.

매일 아침 스티브는 일어나자마자 스마트폰을 확인했다. 그는 여러 계정에 있는 이메일들을 훑은 후 날씨, 주식, 뉴스피드, SNS, 스포츠 소식을 확인했다. 그는 맥가이버칼을 만지듯 빠르게 여기저기 화면을 넘기고 클릭하면서 스마트폰으로 온라인 세상을 돌아다녔다.

그러는 동안 스티브의 머릿속은 윙윙거리는 소음으로 시끄러웠다. 출근길, 회의실, 퇴근길에서도 그런 상태는 계속되었다.

집 현관문을 열고 들어설 때면 스티브는 불안했고 집중할 수 없었다. 가족들은 그의 생각대로 움직이지 않았다. 스티브는 아내와 차분하게 이야기하질 못했으며 머릿속으로 아내의 이해력이 달린다고 투덜거렸다.

아이들의 숙제를 도와주는 와중에도 그의 내면에서는 싸움이 일어났다. 집중해서 아이들을 가르쳐주려 애쓸수록 핸드폰으로 업데이트된 소식과 이메일, SNS를 확인하고 싶어졌다. 스스로 소음을 유발하고 계속 멀티태스킹을 하며 주의력을 흐트러뜨리는 습관은 그의 뉴노멀이 되었다.

그러던 어느 날, 스티브는 가족과 함께 산으로 일주일간 휴가를 떠났다. 대도시에서 아주 멀리 떨어진 곳으로 왔기 때문에 디지털 기기는 작동하지 않을뿐더러 아름다운 자연과 어울리지도 않았다.

일주일은 쏜살같이 지나갔다. 휴가에서 돌아온 스티브는 마음이 행복하고 평온하며 차분해졌다. 더는 다람쥐 쳇바퀴 돌 듯 살고 싶지 않았기에 핸드폰을 확인하는 시간을 줄이기 시작했다.

스티브의 가족과 동료들은 그의 변화를 눈치챘다. 스티브는 사람들의 말에 더 귀 기울였고, 전보다 더 여유로워졌으며, 할 일도 제때 끝냈다. 무엇보다도 스티브는 현재에 충실했다.

15만 명을 움직인 1쪽짜리 명령문

'간결한 것이 더 아름답다'라는 속담이 있다. 선택의 과잉, 과포화 시대에는 수많은 선택지가 순식간에 우리의 정신을 압도하고 영원히 마비시킬 수 있다. 이는 매일 미디어를 소비하고 디지털 기기에 접속하는 문제뿐 아니라 투자처부터 옷, 대학, 샐러드드레싱, 전략, 휴가지까지 모든 분야의 선택 범위가 너무 광범위하다는 문제도 포함한다. 《뉴욕 타임스》 기자 알리나 투겐드Alina Tugend는 선택 과잉으로 인한 정신적 마비 현상을 다룬 기사에서 "선택지가 너무 많으면 결정하고 나서도 만족감이 오히려 줄어든다"라고 말했다.

오늘날처럼 결정하기가 어려웠던 적도, 집중하기가 힘든 적도 없었다. 끝이 보이지 않는 선택지는 우리 삶에서 소음을 만들어내는 가장 큰 원인이다. 식료품, 인터넷 영화, 스트리밍 음악, 자동차, 비행기 등 무엇을 선택하건 간에 우리 뇌는 완벽한 선택지를 찾느라 엄청난 부담을 느끼고 있다.

최초로 노르망디 상륙작전을 계획한 버나드 몽고메리Bernard

Montgomery 장군은 1944년 6월 6일 15만 6,000명이 넘는 대규모 병력을 총괄하기 위해 한 페이지 분량의 작전 명령문 초안을 직접 손으로 썼다. 작전 명령문의 맨 아래 줄에 장군은 '간결함'이라는 단어를 썼으며 무려 세 번이나 밑줄을 그었다.

간결함은 노르망디 상륙작전을 성공으로 이끈 열쇠였다. 극도로 복잡한 작전 수행 과정에서도 사령관들과 병사들이 발휘한 집중력은 정말 놀라웠다.

미니멀리즘 운동은 적은 부품으로도 삶을 움직일 수 있다고 말하며 우리 사회에 뿌리를 내려왔다. 밀레니얼세대는 빠르게 이 움직임을 받아들였다.

현재 미국의 모습은 과한 단계를 넘어섰다. 비커밍미니멀리스트becomingminimalist.com 기사에 따르면, 사람보다 TV가 더 많은 집이 대부분이며 미국인들은 50년 전보다 50퍼센트나 더 많은 물건을 소비하고 있다.

• FOCUS •

설레지 않으면 버려라

봄맞이 대청소를 하는 게 두렵거나 싫은 사람이 있을까? 봄맞이 대청소는 새 출발을 할 수 있는 시간이자 거미줄을 치우고 잡동사니를 정리하며 마음의 평온을 얻기에도 좋은 시간이다.
곤도 마리에(Kondo Marie)의 책 『곤도 마리에 정리의 힘』이 《뉴욕 타임스》 베스트셀러에 선정되고 수백만 부가 팔리는 등 세계적인 돌풍을 일으킨 것도 바로 이 때문이다. 확실히 사람들은 잡동사니가 너무 많아서 물건을 정리하는 기준을 찾고 있다.
곤도의 접근법, 다시 말해 곤마리 정리법은 '버리는 것에서 시작한다. 그다음에 공간을 전체적으로 완벽하게 한 번에 정리한다'. "양손에 물건을 들고 이 물건이 설렘을 주는지 스스로에게 물어보세요. 그 감정을 바탕으로 물건을 버릴지 말지를 결정하면 됩니다"라고 말하는 곤도의 목표는 전 세계에 '정리하는 기쁨'을 선사하는 것이다. 그녀는 사람들이 물건을 너무 많이 가지고 있으며 버리는 것이 더하는 것보다 훨씬 더 중요하다고 생각한다.
곤도는 물건을 정리하면 더 나은 결정을 내릴 수 있는 자신감을 얻게 된다면서 무작정 정리용 서랍만 늘리지 말고 균형 잡힌 삶을 추구하라고 말한다. "당신에게 뭔가 부족하더라도 아무 문제가 없다는 사실을 깨닫고 나면 삶은 훨씬 단순해집니다."
확실히 충동, 편의성, 가성비 추구라는 삼박자가 완벽하게 맞물리면서 우리는 너무도 많은 물건을 무의식적으로 사 모으고 있다. 언젠가 정신을 차리고 나면 우리를 지탱해주는 게 아니라 오히려 짓누르는 물건들로 넘치기 일보 직전인 삶을 발견하게 될 것이다.
더군다나 이미 소음으로 가득 차 있는 우리 뇌도 비슷한 혼란에 빠질 수 있다. 물리적 공간을 청소하듯 심리적 공간도 깨끗이 정리할 필요가 있다.

집중을 유도하는 5가지 방법

군대에서 저격수는 아주 특별한 사람이다. 그들은 높은 수준의 집중력과 인내심, 정확성을 기르기 위해 엄청나게 많은 훈련을 받는다. 지금까지 만난 저격수들은 뛰어난 실력을 겸비한 동시에 자신의 능력을 다른 이들과 나누고 싶어 하는 인격적으로도 매우 훌륭한 사람들이었다. 그들이 주문처럼 외우는 말 중 하나가 "목표물이 작으면 놓칠 확률도 낮다"이다.

이 말은 사정권 안에서 목표물을 선정할 때 저격수들은 의도적으로 표적의 가장 작은 부분(예를 들면 가장자리, 단추, 물건의 작은 부분)에 집중한다는 뜻이다. 목표 지점에서 몇 센티미터 빗나가도 여전히 목표물을 맞힐 수 있다는 게 기본 원리다.

우리가 매일 하는 활동이나 업무 목표를 세울 때도 같은 원리를 적용할 수 있다. 우리에게도 비슷한 훈련이 필요하다. 삶에서 핵심적인 일이 무엇인지 파악하고 오직 그 일에만 집중하는 것이다.

다음은 삶에서 핵심적인 일들의 우선순위를 설정하고 목표를 세우는 데 도움이 되는 아이디어 5개를 구체적으로 설명한 것이다. 예상할 수 있는 핑곗거리는 물론 실천 방법과 얻을 수 있는 결과도 함께 적었다.

아이디어 1 사색의 시간을 통해 한발 앞서가기

조용히 사색하는 시간이 우리가 깊게 추구해야 할 평온함과 평정심을 어떻게 가져다줄 수 있는지 생각해보라. 사색을 통해 우리는 무엇이 가장 중요한지 알아차릴 수 있다. 반복되는 일상 속에서도 1년에 한 번은 묵상의 시간을 보내려 하지만, 생각만큼 쉽지 않다. 그런데 금요일에는 도저히 해내지 못할 것 같아도 일요일 오후에 끝내고 나면 신의 축복처럼 느껴지는 것이 바로 사흘간 묵상하기다. 나는 기도와 명상으로 더 큰 목표를 세우고 평생의 꿈을 점검하며 스스로를 재정비한다.

핑계: 난 바빠. 나중에 해야지. 나한테는 효과가 없을 거야.

실천 방법: 미리 시간 빼두기. 모든 기기를 끄고 주말 보내기. 디지털 기기 없이 1시간 일찍 일어나기.

결과: 들리는 소리에 집중할 수 있다. 충분한 휴식과 내면의 평화를 얻을 수 있다.

아이디어 2 메모하기

아일랜드계 코미디언 할 로치Hal Roach는 뻔한 농담을 하나 건넨 뒤 이렇게 말했다. "받아 적어요! 메모하세요!" 잊어버리지 않으려면 인생의 '북극성'이 되어줄 목표들을 기록해둬야 한다. 생산성 분야의 전문 강사이자 『쏟아지는 일 완벽하게 해내는 법: 일을 쌓아두지 않고 성공적으로 처리하는 GTD 프로젝트』의 저자 데이비드 앨런David Allen은 무엇이 중요하고 무엇을 포기해야 하는지를 명확하게 파악하는 데 메모가 도움이 될 수 있다고 말한다.

핑계: 어차피 목표는 내일 다시 바뀔 거야. 할 일을 정해주는 사람은 상사나 다른 높으신 분들이지 내가 아니야. 다양한 선택지를 열어두고 싶어.

실천 방법: 목표 세우기를 도와줄 수 있는 멘토나 조언자 구하기. 포스트잇 메모지를 사서 큰 목표를 적은 후 자주 보이는 곳에 붙여놓기.

결과: 구체적으로 목표를 세우면 자신감을 얻고 올바른 방향으로 나아갈 수 있다.

아이디어 3 **목표를 세우고 사람들과 공유하기**

우리는 사회적 존재이므로 우선순위 설정은 개인적인 일에 국한되지 않는다. 우리의 목표와 꿈은 우리 자신뿐만 아니라 다른 사람들에게도 수많은 영향을 미친다. 동료, 친구, 아이, 고객 모두 우리가 더 적은 일에 확고한 목표 의식을 가지고 몰입할 때 뭔가 다르다고 느낀다. 그런 의미에서 간결한 삶에 관한 계획을 주변 사람들에게 이야기할 필요가 있다. 사람들이 우리 마음을 꿰뚫어 보는 것은 아니니 말이다.

핑계: 계획을 바꾸면 신뢰를 잃을지도 몰라. 이건 개인적인 문제야. 내 이야기를 하는 게 불편해.

실천 방법: 계획을 공유해도 '괜찮은' 사람들의 이름을 쭉 써보기. 그 사람들을 만나 나의 목표 이야기하기. 그리고 그 말을 퍼트려달라고 부탁하기.

결과: 주변 사람들이 나의 목표를 책임지고 이룰 수 있게 도와주고 지지해줄 수 있다.

아이디어 4 현실성 있는 목표 세우기

인생의 '북극성'이 되어줄 목표가 까마득한 미래의 꿈이 되어서는 안 된다. 이 땅에 두 발을 단단히 디딘 채로 목표를 위한 시간과 공간을 확보해 비전을 현실로 만들어야 한다. 즉, 일정을 현명하게 관리하고 우리의 발전을 방해하는 장애물을 제거해야 한다.

핑계: 난 계획을 잘 세우지 못해. 내 일정은 자주 바뀌는걸. 난 의지가 약해.

실천 방법: 데이비드 앨런의 『쏟아지는 일 완벽하게 해내는 법』 읽기. 달력을 확인해 새는 시간 막기. 사무실이나 집에 나의 발전상을 돌아볼 수 있는 물리적인 공간 새로 만들기.

결과: 현실 감각과 의지력을 더 강하게 단련할 수 있다.

아이디어 5 필요 없는 물건 버리기

쓰지 않거나 필요 없는 물건을 찾아 쓰레기통에 넣어라. 불필요한 잡동사니는 다양한 형태로 나타난다. 과하게 넘치는 물건들을 정리하려는 의지와 습관을 길러야 한다. 물건에 발이 달려 저절로 사라지는 일은 없을 테니 말이다.

핑계: 언젠가 필요할지 몰라. 너무 과격한 방법인 것 같군. 비싼 돈 들여 산 물건인데.

실천 방법: 안 입는 셔츠나 구두를 자선단체에 기부하기. 6개월 동안 한 번도 사용하지 않은 앱은 핸드폰에서 지우기.

결과: 주변만 정돈을 잘해도 미니멀리즘에 한층 더 가까워질 수 있다.

최대한 간결하게 메모하라

로널드 레이건Ronald Reagan 대통령의 말처럼 "쉬운 답은 없지만 간단한 답은 있다". 우리는 삶을 필요 이상으로 복잡하게 만든다. 적어도 나는 확실히 그렇다.

우리는 해야 할 일이 산더미 같다. 마감 기한을 지키며 성실하게 출퇴근하고 회의에도 참석해야 한다. 직장과 가정 모두에 충실해야 하며, 경제도 알아야 하고, 최신 기기와 모바일 앱의 동향도 파악해야 한다. 종교와 취미 활동도 해야 하고 사람들의 기대에도 부응해야 한다. 연예, 가십, 뉴스, 최신 음악도 놓칠 수 없다. 건강관리, 운동, 쇼핑, 요리는 기본이고 각종 위험이나 사건에도 대비해야 한다. 해야 할 일이 많을수록 삶은 복잡해지고 어려워진다.

무엇이 정말 중요할까? 중요한 일은 오십 가지씩 되지 않는다. 다섯 가지 혹은 그 미만일 것이다.

'늘 해야 하는' 일을 작은 포스트잇에 간단하게 적어두면 상당히 도움이 된다. 나는 보면서 기억할 수 있게 메모지를 책상 위 혹은 화장실 거울에 붙여둔다. 그리고 주위에 널린 잡동사니를 모두 치워버린다.

포스트잇 메모지에 쓰면 목표를 단순하게 유지하는 데 도움이 된다. 길게 목록을 작성하는 게 아니기 때문이다. 포스트잇은 책상, 냉장고, 화장실에서 묵묵히 내가 결정한 일이 정말 중요하다고 알려준다.

내 목표는 이게 전부다! 세 단어로 된 '다음 책 쓰기', '쫄지 말고 잘해보자'. 두 단어로 된 '많이 듣기'.

이렇게 간단히 쓰면 끝나는 일이다.

불필요한 것들을 걷어내라

마음 챙김 명상 전문가 존 카밧진John Kabat-Zinn 박사는 이렇게 조언했다. "자발적 단순함이란 하루에 더 많은 데를 가기보다 더 적은 데를 가고, 더 많은 걸 볼 수 있게 더 적게 보고, 더 많은 일을 할 수 있게 더 적게 일하며, 더 많은 걸 얻을 수 있게 더 적게 얻는다는 뜻이다."

관리하는 부품이 적으면 훨씬 더 많은 것을 얻을 수 있다. 우리 삶을 기계라고 생각해보라. 부품이 많을수록 어딘가 고장이 나거나 수리가 필요할 확률이 높다.

이 문제에 대해서는 『글쓰기의 요소: 지적 문장을 위한 영어의 18원칙』이라는 작은 책에서 최고의 조언을 얻을 수 있다. 이 책에서 저자 윌 스트렁크Will Strunk와 E. B. 화이트E. B. White는 글쓰기 실력을 높일 실용적인 방법들을 제시한다. 세 단어로 된 그들의 주옥같은 말을 듣고 나는 『브리프』를 쓰게 됐다.

"불필요한 단어는 걷어내라."

"그림엔 불필요한 선이, 기계엔 불필요한 부품이 없어야 하는 이유와 마찬가지로 문장에는 불필요한 단어가, 문단에는 불필요한 문장이 없어야 한다."

훌륭한 말이다.

우리 삶에서 정말 필요한 것은 몇 개 되지 않는다.

역설적이게도 내 것을 먼저 내어줘야 그 보답으로 무언가 받을 수 있다. 우리는 내어줄 줄 아는 사람인가 아니면 받기만 하는 사람인가? 낡은 부츠에 집착하거나 회의 시간에 쓸데없는 말을 하고, 핸드폰 화면을 계속 클릭하거나 넘기며 또 다른 소음의 유혹에 넘어가는 등 불필요한 요소들로 삶을 가득 채우고 있지는 않은가?

디즈니 애니메이션 「겨울왕국」의 주제가 가사처럼 "다 잊고 놓아버리고 흘려보내라"!

주목! 한마디

삶이 단순해지면 집중력과 생산성이 높아지며 지금 이 순간을 더 소중히 여기게 된다. 삶이 복잡해지면 부담감이 커져 마음이 억눌리고 점차 방황하게 된다. 수많은 활동, 선택지, 물건이 아닌 중요한 몇 가지 일에 집중하기로 목표를 정하라.

· 12 ·

소음에 'No'라고 말하기

"팀team에는 '내i'가 없다"라는 유명한 말이 있다. 이제 '소음noise'이라는 단어를 생각해보자. 소음에는 'i'뿐만 아니라 'n'과 'o'도 있다.

이는 순전히 우연의 일치일까 아니면 어떤 신호일까?

"없다" 혹은 "아니다"라는 말은 작지만 큰 힘이 있다. 잘못된 결정, 갑작스러운 충동, 원치 않는 제안, 몸과 마음을 지치게 하는 일들을 막아주기 때문이다. 말이 이끄는 방향처럼 뜻도 명확하다.

이러한 말의 힘을 느껴보자.

- 아니요, 괜찮습니다!
- 아니요, 이만하면 충분합니다.
- 계좌에 돈이 없습니다.
- 시간이 없습니다.
- 변명은 통하지 않습니다.
- 전혀 알 수가 없습니다.
- 예외란 없습니다.
- 고통 없이는 얻는 것도 없습니다.

'아니'라고 말하라

1980년대 후반 영부인 낸시 레이건Nancy Reagan 여사는 마약에 "아니라고 말하라Just Say No"라는 캠페인을 통해 마약 퇴치 운동을 이끌었다. 불법 마약과 벌이는 싸움의 주 무기가 된 이 캠페인은 특히 젊은 사람들에게 분명하고 확고한 메시지를 전달했다.

점점 심각해지는 약물 중독과의 싸움에서 낸시 여사는 마약에 중독된 사람들과 중독될 가능성이 있는 사람들 모두가 "아니No"라는 간단한 단어를 말할 수 있길 바랐다. 낸시 여사의 캠페인 문구는 논리적으로도 쉽고 한눈에 들어왔다. SNS도 없던 시대에 "아니라고 말하라"라는 이 간결한 메시지는 사회 곳곳으로 빠르게 퍼져나갔다.

우리가 안팎으로 벌이고 있는 소음과의 대대적인 싸움에서도 위 문구가 해결책이 될 수 있다. 아니라는 말을 더 자주 해 삶에서 소음이 들리지 않도록 하는 것이다.

주의를 산만하게 하는 소음과 방해물은 눈 깜짝할 사이 문 앞에 와 있다. 초인종이 울리면 자리에서 일어난다. 소음과 방해는 무해한 선물처럼 포장돼 있어 궁금한 마음에 얼른 열어보고 싶어진다. 여기에 넘어가면 안 된다. 뇌에 'Yes'보다 'No'라고 더 자주 말해야 한다.

너무 간단한가?

그렇지만도 않다. 우리에겐 자제력이라는 힘이 있다. 고루한 말처럼 들릴 수 있겠으나 우리에겐 언제 집중하고 무엇을 차단할지 선택하는 힘이 있다.

따라서 '아니라고 말하라' 마약 퇴치 캠페인이 '전국적'으로 성공하진 못했어도 "소음에 아니라고 말하라"는 '개인적' 차원에서는 도움이 될 수 있다.

이 간단한 문장을 따라 말해보자. "나는 소음에 아니라고 말한다."

고립공포감 극복하기

모든 사람이 맞닥뜨린 가장 강력한 도전 중 하나가 흔히 'FOMOfear of missing out'라 불리는 고립공포감이다. 누구나 다음과 같은 기분을 느낀 적이 있을 것이다.

"지금 당장 문자메시지를 확인해야겠어. 중요한 내용일지도 모르잖아."

"뭔가를 놓칠 수도 있으니까 스크롤을 끝까지 내려서 SNS 피드를 전부 확인해야 해."

"다른 선택지로 뭐가 있는지 확인해야겠어. 선택지들을 꼼꼼하게 살펴본 건 아니니까."

"이메일 계정에 수시로 접속해야 해. 사람들은 내가 바로 회신해주길 바랄 테니까."

위 행동이 건강하지도 생산적이지도 실용적이지도 않다는 사실을 알고 있지만, 우리 모두 계속 그렇게 행동하고 있다. 우리는 무언가를 놓칠까 전전긍긍한다. 이는 당연하다. 누가 알람이나 전화, 뉴스 속보와 같은 중요한 일을 놓치고 싶겠는가.

그런데 우리는 약속이라도 한 듯 불필요한 정보 더미에서 있을지 없을지도 모르는 바늘을 찾고 있다. 이는 귀중한 시간을 낭비하는 것뿐만 아니라 지속적인 불안감과 터무니없는 기대심을 유발하는 자극에 즉시 뇌가 충동적으로 반응하도록 길들이는 꼴이다. 고립공포감은 떨쳐내기가 쉽지 않다.

매일 충족시켜야 하는 뇌의 기대치가 있을 때 어떻게 "아니요"라고 말할 것인가? 이는 부모, 관리자, 10대 청소년, 전문가들에게 득이 될까, 실이 될까?

작가 그렉 맥커운에 따르면 에센셜리스트들은 상황을 개선하기 위해서 기존의 것을 덜어내야 한다고 믿는다. 훌륭한 영화라도 좋은 장면들이 대부분 편집되는 것은 당연하다. 물론 책을 만들 때도 가차 없이 편집해야 한다.

고립공포감을 극복하는 것은 다음과 같은 강한 힘이 필요한 매우 어려운 과제다.

- 의연함 수많은 선택지를 놓쳐도 아무렇지 않을 내면의 힘과 용기.
- 신념 더 많은 것이 아니라 더 적은 것을 받아들이겠다는 마음가짐.
- 믿음 마음이 끌리고 중요해 보이는 것도 생각을 어지럽히는 소음에 불과할 수 있다고 말해주는 내면의 소리.

끊기 힘든 습관 회로

디지털 기기의 중독성에 관한 영상에서 『크레이빙 마인드: 중독과 산만함, 몰입과 회복력의 비밀』의 공동 저자 저드슨 브루어Judson Brewer 박사는 보상을 받기 위해 우리 뇌가 일련의 자극에 어떻게 반응하도록 설계되어 있는지를 설명한다.

브루어 박사는 당장 해소하고 싶은 충동을 유발하는 감정(공포, 갈증, 불안, 고립 등)에 관해 이야기한다. 예를 들어, 지루한 순간이 오면 우리는 흥미롭고 의미 있는 무언가를 찾아낼 거란 기대감에 핸드폰을 확인하고 싶어진다. 하지만 브루어 박사는 그렇게 하는 대신 다음과 같이 제안한다. "차라리 지금 당신의 몸과 마음에 무슨 일이 일어나고 있는지 주의 깊게 살펴보라. 우리의 에너지를 계속 갉아먹는 습관 회로에 매몰되느냐 그곳에서 빠져나오느냐는 순전히 우연일 뿐이다. 문자메시지를 확인한 후 마지못해 답장을 보내는 대신, 조금 더 차분해진 상태에서 욕구를 알아차리고, 호기심으로 주변을 살피며 감정을 흘려보내는 기쁨을 느껴보라. 그리고 이 과정을 반복하라."

브루어 박사의 말에 따르면, 습관 회로는 시간이 지날수록 끝없는 갈증을 유발하고 즉각적인 보상을 추구한다. 이로 인해 뇌는 강력하고 영구적인 습관을 형성하는데, 이러한 습관은 나중에 의식적으로 노력하지 않으면 고치기 힘들다.

| 중독의 주기 |

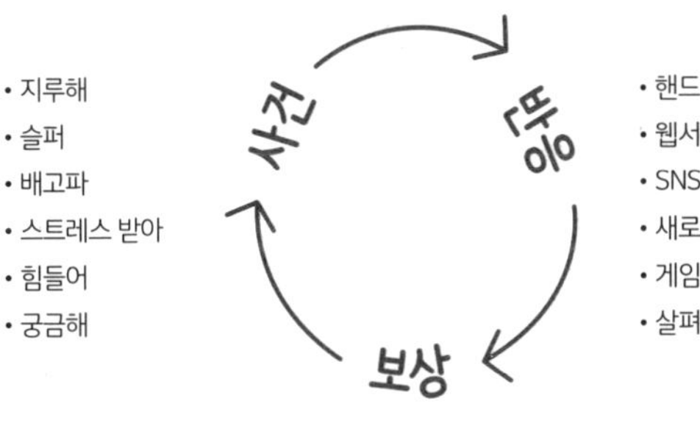

▶어떤 순간들은 보상을 기대하며 특정 반응을 유도한다. 한번 욕구가 충족되면, 뇌는 이를 기억하고 있다가 새로운 신경회로를 만들기 시작한다.

다시 말해, 위와 같은 연쇄 반응은 우리의 저항력을 무너뜨리는 중독으로 발전할 수 있다.

디지털 기기에 한눈을 팔거나 업무에 방해를 받거나 여러 가지 일을 동시에 처리하는 등 소음에 주의를 빼앗기는 습관은 전부 우리의 집중력을 저해하고 충동적인 행동을 갈망하도록 우리 뇌를 길들여, 자신도 모르게 그런 행동을 하게 되는 경우가 빈번해진다.

갑자기 울린 문자메시지 알림을 '무시해야지'라고 생각하기도 전에 우리 뇌는 그다음 메시지를 읽으면서 '잭팟'이 터질 거라 기대하며 새로운 도파민 분비를 갈망한다. 그런 일은 절대 일어나지 않겠지만, 뇌는 지금 당장 메시지를 읽지 않으면 복권에 당첨될 수 없다고 우리를 부추긴다.

긍정적인 보상 찾기

누군가가 도넛을 권하든 잠깐 쉬자고 제안하든 긍정적으로 대답하는 게 속이 편하다. 달콤한 유혹에 못 이기는 척 넘어가는 것과 욕구를 부정하고 자기 자신과 힘겹게 싸우는 것을 비교해보라.

당연히 후자는 쉬운 일이 아니다.

오랜 세월 내가 무릎을 치며 깨달은 사실은 하나를 부정하면 다른 하나는 긍정해야 한다는 것이다. 이게 바로 내가 힘들 때 긍정의 힘을 유지할 수 있었던 비결이다.

내가 막 달리기를 시작했을 때보다 이를 더 생생하게 보여줄 수 있는 사건도 없을 것이다. 나와 친한 사람들은 모두 내가 달리기를 싫어한다는 사실을 알고 있다. 운동을 좋아해 열심히 축구, 농구, 미식축구 경기를 뛰었지만, 달리기는 전혀 내 취향이 아니었다. 달리기의 단조로움이 싫었다.

달리기를 즐겨 하는 지인들은 내게 달리기가 좋은 이유를 수도 없이 설명했지만, 하나도 믿지 않았다. 나 자신을 '러너'라고 부르기는커녕 내가 뛰는 일은 절대 없을 거라고 생각했다. 그런데 몇 년 전 나는 진지하게 달리기를 시작했고, 갑자기 바뀐 내 태도에 사람들은 깜짝 놀랐다.

내가 왜 달리기를 시작했냐고?

달리기를 습관화하는 과정은 수많은 부정적인 감정에 맞서 힘겨운 선택을 이어나가며 의도적으로 달리기를 우선순위에 두기 위한 나와의 싸움을 의미했다. 바쁜 하루 속에서도, 달리기에 대한 깊은 불신을 극복해야 하는 것은 물론, 안일한 마음과 끊임없이 꾀를 부리고 싶은 마음을 억누를 방법을 찾아야 했다.

달리기를 안 하려는 많고 많은 핑곗거리에 내가 'No'라고 말

• FOCUS •

내면에서 발생하는 정서적 소음

정서적 소음은 단순히 소음의 한 유형이 아니라 생활 속 다른 외부 소음에 대한 우리의 반응을 결정짓는 근본 요소다. 작가이자 리더십 코치인 존 에릭슨(John Erickson) 박사의 주장에 따르면, 정서적 소음이 증상이 아니라 원인이라는 사실을 인정해야 우리의 시간을 낭비하고 에너지를 고갈시키는 것들을 통제하느라 힘을 빼지 않는다.
"공교롭게도 우리는 실제로 일이 벌어지기 전까지 그 일이 벌어지고 있다는 사

실을 알아차리지 못하죠." 에릭슨 박사는 말한다. "우리는 이성적이고 분별력 있는 뇌의 목소리가 아닌 내면의 소음이 하라는 대로 반응합니다."

에릭슨 박사의 말에 따르면, 감정은 우리 안에서 만들어진다. 감정에는 좋고 나쁨이 없으며, 그저 우리의 일부일 뿐이다. 연료가 부족할 때 자동차의 계기판이 움직이는 것처럼 감정은 유의미한 지표가 될 수 있다. 우리는 불빛에 화를 내는 대신 그것이 가리키는 문제를 들여다본다. 우리는 세 가지 핵심 영역이 제대로 충족되었는지 살피는 과정을 통해 감정을 촉발하는 요인을 이해할 필요가 있다.

"우리는 수많은 기대와 욕구, 지각을 동력으로 하루하루를 살아갑니다. 절망, 분노, 슬픔, 지루함, 혼란, 불안을 느낄 때 실제로 주위에서 무슨 일이 벌어지고 있나요? 앞서 언급한 세 가지가 라디오 주파수를 맞출 때 들리는 잡음처럼 소음을 유발합니다."

정서적 소음은 잡음과 같아서 우리가 통제 불능이라고 느낄수록 소리가 더 커진다. 잡음을 줄이려면 세 가지 감정 기폭장치가 그동안 제대로 관리되지 못했던 이유를 철저히 분석해야 한다.

그뿐만 아니라 갑자기 정서적 소음이 발생하면 시끄러운 소리를 들었을 때처럼 즉시 어떤 반응을 보이게 된다.

"1, 2에서 10을 왔다 갔다 할 때처럼 투쟁-도피 반응이 일어나는 것이죠. 도피 혹은 고립을 선택한다면 미디어 소비나 인터넷 중독은 고통을 완화해주는 아주 쉬운 방법이자 거짓 보상이 됩니다. 우리는 이 보상을 받으면 정서적 소음이 사라질 것으로 생각하지만, 실은 그렇지 않죠."

할 수 있었던 이유는 무엇일까?

부정적인 감정을 상쇄하기 위해 다른 일을 긍정할 단순하고도 강력한 근거를 찾아냈다. 바로 앱으로 달린 거리를 기록하는 것이었다.

나는 간단한 보상으로 황금별을 모았고, 앱 덕분에 거의 2년 연속으로 달리는 습관을 유지할 수 있었다. 내가 달릴 수 있었던 이유는 내면에서 일어나는 갈등과 게으름에는 '아니'라고 말하는 동시에 다른 것에는 '예'라고 말할 근거를 찾았기 때문이다.

소음에 '아니'라고 말해야 하는 순간이 오면 다른 것에는 '예'라고 말할 수 있어야 한다. 즉, 스스로 타협점을 찾아야 한다.

소음을 없애는 가장 확실한 방법

어릴 적 아버지는 격언을 백만 개쯤 알고 계셨다. 그중 내가 가장 좋아하는 말은 '아니라고 말할 때는 아니라고만 말하라'였다. 아버지는 내게 많은 격언을 가르쳐주셨는데, 그중에서 '우리를 인간다운 인간으로 만들어주는 요소는 선택하는 힘에서 나온다'라는 말이 계속 생각났다.

아버지는 사람에게는 지능과 의지라는 두 가지 힘이 있다고 말씀하셨다. 즉, 판단력과 논리적 사고력이다. 아버지의 말씀은 특히 어렸을 때 더 크게 다가왔다. 나이를 먹을수록 나는 감정 역시 우리 안의 세 번째 자리를 차지한다고 생각했다.

의지력은 소음을 줄이는 데 핵심 역할을 한다. 우리 주변에는 주의를 산만하게 하며 우리를 방해하고 좌절하게 하는 소음이 너무 많다. 하지만 인간으로 존재한다는 것은 우리가 선택할 수 있다는 뜻이다. 아니라고 말할 때 기분이 좋지 않을 수 있고, 상황이 우리를 다른 방향으로 끌고 간다고 생각할 수도 있지만, 작지만 강력한 이 한마디가 우리에게 도움을 줄 수 있다. 단호한 '아니요' 한마디로 소음을 없앨 수 있는 것이다.

일상 속 충동 조절하기

하루를 보내는 동안 우리 마음은 수없이 휘둘리거나 별로 중요하지도 않은 문제에 매달린다. 허구한 날 이런 일이 발생하다 보니 이게 얼마나 사람의 진을 빼놓는지조차 모른다.

다음은 충동 조절 연습을 해볼 수 있는 몇 가지 상황을 예로 든 것이다.

- **사람이 지나갈 때** 책상에 앉아 중요한 이메일을 읽고 있는데 누군가가 다가온다. 호기심이 발동한다. '누구지? 아, 아무개 씨네.' 잘됐다. 이제 우리는 그 사람에게 인사를 건네거나 못 본 척하거나 둘 중 하나다. 다시 일에 집중하라. 아니라고 말하라.
- **알림이 울릴 때** 띵띵띵. 친구와 대화하다가 핸드폰 알림 소리

를 듣는다. 새로 온 문자메시지거나 업데이트된 일기예보일 것이다. 파블로프의 개처럼 자기도 모르게 핸드폰을 집어 들어 알림을 확인한다. 이 순간 또 의식(혹은 우정)을 잃었다. 아니라고 말하라.

- **마구잡이로 생각이 떠오를 때** 가위를 찾으러 방 안을 돌아다니다가 내일 입을 깨끗한 옷이 있는지 생각하기 시작한다. 내일 약속에 관한 생각을 끊어내자마자 아직 수락하지 않은 친구 초대가 떠오른다. 가위는 새까맣게 잊고 노트북을 켠다. 아니라고 말하라.

"음소거 버튼을 수시로 누르자." 이 말은 비유적 표현이자 삶을 일깨워준다. 무의미한 소음에 빨려 들어가면 음소거 버튼을 누르자. 더는 소음에 끌려다니지 말자. 시끄러운 라디오 광고가 나오면? 음소거 버튼을 누르자. 알맹이 없는 뉴스 해설이 나오면? 역시 음소거 버튼을 누르자. 팝업 알림 소리가 들리면? 마찬가지로 음소거 버튼을 누르자. 내면에서 불평의 목소리가 들린다면? 이때도 음소거가 답이다.

멀티태스킹은 주의력을 분산시킨다

한 번에 하나의 일을 처리하자. 그렇게 할 때 집중력도 좋아지고 마음도 편안해진다. 앞서 언급한 세 가지 상황 중 하나를 골라 직접 실천하며 느껴보자. 읽던 메일을 끝까지 읽자. 알림 소리가 들려도 대화에 집중하자. 가위를 찾기로 했으면 가위를 찾자.

• FOCUS •

근력 운동, 소음을 물리치는 힘

근력 운동은 특정 사람에게만 효과가 있는 것처럼 보인다. 나도 그렇게 생각했는데, 전담 트레이너 캐서린을 만나고 나서 생각이 바뀌었다. 그리고 「바벨 로직(Barbell Logic)」이라는 특별한 팟캐스트도 알게 되었다.
이 팟캐스트의 공동 진행자 스콧 햄릭(Scott Hamrick)과 맷 레이놀즈(Matt Reynolds)는 처음부터 방송에 푹 빠지게 했다.
"어르신들이 새 삶을 시작하고 젊은이들이 어엿한 어른의 삶을 살 수 있도록 돕는 일이 제겐 철학 혹은 사회 운동이나 다름없죠." 맷이 말한다.
스콧도 맞장구를 치며 이렇게 말한다. "자신감이 넘치고 건강하고 정신적으로도 강인한 사람은 현대 사회에서 더는 평범한 사람이 아니에요. 특별한 사람이죠. 하지만 근력 운동을 하면 당신도 특별한 사람이 될 수 있어요."
나는 두 사람이 부담감을 극복하는 힘의 원천이 근력이라고 정의하는 대목과 우리가 매일 마주하는 압박감과 어려움을 헤쳐나가는 데 근력 운동이 아주 중요하고 필수적인 역할을 한다는 보석 같은 조언을 들을 수 있어 좋았다.
근력 운동은 자신감을 높여준다. 이미 힘든 순간을 극복했으며 오늘 마주하게 될 압박감보다 더 무거운 무게를 들어 올렸기 때문이다. 자발적 고난을 감내했기에 실직, 건강 악화, 끊이지 않는 소음의 방해, 쉴새 없이 쏟아지는 선택지와 같은 비자발적 고난을 견딜 수 있는 것이다.
"우리가 말하는 힘은 영험함이나 정신적 강인함이 아닙니다." 두 사람이 덧붙인다. "우리는 물리적으로 무게를 들어 올리는 힘, 외부 저항에 이겨내는 힘을 말합니다. 우리에겐 외부 저항을 유발하는 것이 바로 무거운 바벨이에요. 강한 사람들은 쉽게 쓰러지지 않습니다."

우리 뇌는 한 번에 한 가지 일에 집중하길 원한다. 멀티태스킹은 마음의 평화를 가져다주지 않으며 주의력을 분산시킨다. 의식에 대해 많은 것을 알게 되었으니 우리는 더 적게 받아들이는 일에 의지력 근육을 더 많이 쓸 수 있다. 그렇게 할 때 우리는 다시 평온함을 느끼게 될 것이다.

이보다 더 좋은 방법은 없다.

삶을 바꾸는 5가지 작은 습관

1. 큰 소리로 말하라

'아니'라고 말하는 자신의 목소리를 직접 듣는 것과 머릿속으로 생각만 하는 것은 아주 다르다. "아니요, 지금은 이야기할 수 없습니다", "아니요, 관심 없습니다"라고 말하라. 혹은 자기 자신에게 "아냐, 이제 이메일은 그만 확인해야겠어", "아냐, 한 번에 네 가지 일을 동시에 하지 않을 거야"라고 말해보라.

2. 자잘한 방해물을 차단하라

피할 수 있는 간단한 혹은 바보 같은 상황을 생각해보라. 더 좋은 노래를 찾겠다고 지금 듣는 노래 바꾸지 않기, 운전 중 핸드폰은 뒷좌석에 두기, TV 리모컨을 눈에 띄지 않는 곳에 두기 등이 될 수 있다.

3. 때로는 '예'라고 말하라

집중력을 흐트러뜨릴 만한 소음이나 방해, 초대에는 단호한 "아니요"뿐만 아니라 부득이한 "예"도 필요하다. 소음을 더 많이 차단하는 경우 스스로에게 어떤 보상을 줄 것인가?

4. 합당한 '근거'를 수용하라. 변명은 금물이다

여러 가지 일을 병행하고자 핑계를 대고 자기 합리화와 정당화를 해봐야 아무런 성과도 얻지 못한다. 소음에 굴복할수록 몸과 마음이 약해질 수밖에 없는 이유를 정확하게 이해하고 넘어가야 한다.

5. 7점 만점에 5점도 나쁘지 않다

완벽주의자가 되려고 하지 말자. 매 순간 소음을 피할 수는 없는 노릇이다. 평소보다 절반만 더 집중해도 삶은 크게 달라질 것이다.

주목! 한마디

일상의 작은 방해물에 '아니'라고 말하는 습관을 들이면 우리 주변에서 매일 발생하는 많은 소음을 줄이거나 없앨 수 있다. '아니'라고 말하는 것은 강한 의지를 담은 표현이다. 많은 사람이 우리 삶에 불필요한 잡음을 초래할 수 있는 고립공포감을 느끼고 있다. 하지만 소음을 차단하기 위해 '아니'라고 말하는 순간에도 때로는 집중을 위해 '예'라고 해야 할 수도 있다.

· 13 ·
마음을 충전하는 침묵의 시간

지금 당장 모든 일을 멈추고 가만히 주위에 귀 기울여보라. 무엇이 들리는가? 음악? 핸드폰 알람? TV나 라디오에서 뉴스 앵커가 떠드는 소리?

우리를 둘러싼 소음은 멈추지도 줄어들지도 않는다. 케니 체스니의 노래 「소음」의 안타까운 노랫말처럼 이 모든 소음은 우리의 의도로 발생한 것도 우리의 의지로 막을 수 있는 것도 아니다.

확실히 오늘날 사람들은 더 조용한 환경을 추구한다. 사색하고 휴식하면서 삶을 되돌아보고 재충전하는 시간이 필요하다.

이런 기회가 많아도 우리는 이를 충분히 활용하지 않는다. 예를 들어 출퇴근길에 잠깐이라도 라디오를 꺼둘 수 있다. 학교를 마치고 혹은 퇴근 후 자리에 앉아 몇 분간 디지털 기기를 꺼둘 수도 있다. 하루가 끝날 무렵에는 마지막으로 한번 스마트폰을 쳐다보는 대신 제시간에 잠자리에 들면 된다. 그렇게 우리는 하루가 시작되기 전 침묵의 시간을 보낼 수 있다. 침묵은 소음에 대항하는 우리의 무기다.

우리 뇌는 침묵을 갈망해도 그 욕구를 드러내지 않으므로 우리는 적극적으로 침묵을 추구하려 하진 않는다. 하지만 영적인 작가들은 매 순간 충실히 기도하며 스스로 성찰해야 한다고 말하고, 마음 챙김 명상 전문가들은 명상 수련에 관한 팁을 공유한다. 심지어 휴식과 스트레스 해소용으로 나온 앱도 있다. 이 모든 게 우리 뇌를 진정시키고 정신을 집중시키려는 활동이다. 하지만 이 중 하나라도 진지하게 실천하려 노력했던 사람과 이야기해본다면 적어도 처음에 이를 행동으로 옮기기가 얼마나 어려운지 말해줄 것이다.

일정 시간 침묵하는 것이 어려워도 그만한 가치가 있는 습관이다. 우리 뇌는 빠른 속도로 달리는 고성능 엔진이므로 충분히 식혀줘야 한다. 그렇지 않으면 연기가 피어오르며 뇌의 에너지는 고갈된다. 따라서 지친 뇌를 쉬게 하고 피로를 해소하는 데 훨씬 더 많은 시간을 투자해야 한다.

저녁 식사 시간의 변화

평소와 다름없는 하루를 보내고 있는 부부 매트와 마르타라는 인물을 상상해보자. 두 사람 모두 일정이 바쁘다. 납부고지서와 회신해야 할 이메일이 쌓여 있고 전화 회의도 해야 하며 기나긴 출퇴근 시간도 견뎌야 한다. 부부는 업무를 하다 말고 약속을 잡고 전화를 받으며 카풀 일정을 조정하고 또 계획을 세운다. 서로를 위해 따로 시간을 비워두기란 사실상 불가능하다.

아이들도 소음의 영향을 받는다. 항상 학교, 운동, 아르바이트, SNS에 매여 있기 때문이다.

하루 동안 온 가족이 우선순위를 다투는 수많은 일에 집중하고 뒤처지지 않으려 애쓰느라 소중한 정신적 에너지를 있는 대로 다 써버린다.

"여유를 갖고 가족에게 집중하기가 맘처럼 쉽지 않네요." 마르타가 말한다. "남편과 저는 지난 10년간 삶의 모습이 얼마나 달라졌는지 그리고 우리 모두 에너지 소모가 얼마나 심한지가 피부로 느껴져요."

저녁 식사 시간이 다가와도 모두의 머릿속은 여전히 바쁘게 돌아가며 하던 일을 멈추지도 못한다.

"저녁 식사 시간만큼은 정신없이 바쁜 일도, 기기로 온라인에 접속하는 일도 없는 신성한 시간으로 만들기로 했습니다." 매트가 이야기한다. "핸드폰이나 전화의 방해 없이 가족이 함께 모여 조용하게 보내기로 한 거죠."

그들은 개인적인 인간관계나 가족을 위한 시간을 따로 빼놓지 말고 초연결 상태를 받아들이라는 유혹뿐 아니라 온갖 주위 소음과도 매일 전투를 치른다. 하지만 앞으로 서로 간단한 대화라도 하는 것을 우선순위에 두자는 규칙을 정하고 이를 지키려고 갖은 노력을 기울인다.

"저흰 오늘 하루 기분 좋았던 일과 나빴던 일에 대해 각자 이야기한 다음 내일 일정을 공유해요. 덕분에 가족이 더 돈독해졌죠. 가족과 함께 보내는 시간이 좋아요. 재충전도 할 수 있고요." 마르타가 말한다.

안타깝게도 많은 가족이 이렇게 차분한 시간을 보내지 못한 채 바쁘게 돌아가는 연결 사회의 혼란 속으로 다시 뛰어든다. 삶을 안팎으로 혼란에 빠뜨리는 소음의 공격을 막느냐 마느냐는 각자에게 달려 있다. 과감하게 행동하여 삶에 평온함과 고요, 균형, 사고력을 되찾는 게 어떨까.

탁 트인 공간이 집중력을 떨어뜨린다

현대 사회의 업무 공간은 철저히 개방되어 있다. 문이 있고 사생활이 보호되던 사무실의 시대는 갔다. 가정에 적용된 개방형 디자인은 예전이라면 두세 개로 나뉘었던 방들을 하나의 공용 공간으로 합쳐 거대한 방을 만들어냈다.

왜 이토록 개방적인 공간을 선호할까? 외향적인 사람들 탓이다. 『콰이어트: 시끄러운 세상에서 조용히 세상을 움직이는 힘』의 저자 수전 케인Susan Cain은 미국 공영 라디오 방송에서 이렇게 말했다. "오늘날의 업무 환경은 상당히 문제가 많습니다. 바로 그룹 커뮤니케이션에 극대화된 환경으로 크게 바뀌고 있기 때문입니다. 점점 더 많은 사무실이 벽도 없고 프라이버시도 거의 존재하지 않는 탁 트인 공간으로 변하고 있습니다. (……) 실제로 직원 한 사람당 평균적인 업무 공간의 크기가 1970년대는 약 14평이었던 반면 오늘날은 약 6평으로 줄어들었습니다."

우리 사회는 협력과 창의력, 지속적인 소통에 가치를 둔다. 현재 우리는 백색소음과 창의력은 맹목적으로 추구하는 반면 프라이버시와 집중력은 하찮게 여기며 넓은 카페 같은 공간에서 일하고 있다.

대략 20년 전, 연방 정부 기관을 관리하고 지원하는 미국 총무처General Services Administration는 소통과 생산성을 강화하고자 개방형 사무실로 옮겨갔다. 하지만 최근 연방 정부 기관에서 진행한 연구와 조사에 따르면, 생산성뿐 아니라 직원들 간 소통도 줄어들었다.

게다가 하버드 경영대학원의 연구에 따르면, 탁 트인 공간에서는 면대면 소통이 73퍼센트 감소하지만, 이메일과 메시지로 이루어지는 소통은 67퍼센트나 증가한다. 이 연구는 탁 트인 공간이 직원들의 집중력을 저해한다고 결론을 내린다.

왜 침묵해야 할까?

우리는 모두 주의력에서 해방되는 순간이 필요하다. 《사이콜로지 투데이》에 따르면, 대략 50~75퍼센트의 사람들이 외향적이다. 우리가 사는 세상은 외향적인 사람들이 자신들에게 가장 적합한 형태로 설계한 듯하다. 외향적인 사람들이 자연스럽게 하는 행동에 더 가치를 두고 강조하기 때문이다. 이를테면 처음 만나는 사람과 스스럼없이 대화를 나눈다거나 자유롭게 의견을 교환한다거나 사회적 활동을 활발히 하는 사람이 더 좋은 평가를 받는다.

조금 과장된 말이긴 해도 내성적인 사람이라면 이 말에 공감할 것이다.

그렇다면 침묵의 시간이 이렇게 중요한 이유는 무엇일까? 침묵은 외향적인 사람들의 입을 다물게 하려는 것이 아니라 모든 사람에게 휴식과 사색, 재충전의 시간을 주기 위함이다. 과도한 자극에 노출된 우리는 모두 침묵의 시간이 필요하다.

주의력은 까맣게 태워지기를 원하는 게 아니라 자유롭게 쉴 수 있기를 바란다.

『포커스』의 저자 대니얼 골먼은 운동 후 회복할 시간이 필요한 것처럼 침묵의 시간도 같은 이유로 필요하다고 말한다. 그러나 모든 활동이 회복을 돕는 건 아니라고 경고한다.

> 회복은 상념을 억제하는, 힘든 주의력 상태에서 벗어날 때 그리고 무엇이든 간에 지금 벌어지는 일에 집중하도록 우리의 주의를 그냥 내버려둘 때 이루어진다. 하지만 특정한 형태의 상향식 집중만이 주의력을 위한 에너지 회복에 도움이 된다. 웹서핑, 비디오 게임, 이메일 확인은 해당하지 않는다.

우리 뇌는 몸이 원하는 만큼 휴식이 필요하다.

정신적 에너지를 재충전하라

고립이 자극을 줄이고 에너지를 충전하기 위해 일시적으로 활동을 차단한다는 뜻이라면 우리에게 도움이 될 수 있다. 이는 내성적인 사람에겐 자연스러운 행동이지만, 외향적인 사람이라면 의식적으로 혹은 강제적으로라도 그렇게 할 필요가 있다. 10분만 디지털 기기에서 떨어져도 사회적으로 분리된 느낌을 받을 수도 있지만, 효과는 즉시 나타난다.

다만 문제는 고립이 사회적 활동을 영구히 차단할 때 심각해진다. 인간이기에 우리는 서로 얼굴을 맞대고 하는 진짜 소통이 필요하다.

다국적 보험 회사 시그나Cigna에서 진행한 연구에 따르면 절반에 가까운 미국인이 가끔 혹은 매일 외로움(46퍼센트)이나 소외감(47퍼센트)을 느낀다고 응답했으며, Z세대(만 18~22세의 성인)는 가장 외로움을 많이 타는 세대이자 이전 세대들보다 건강이 안 좋다.

외향적인 사람들은 한가한 시간에 온라인 게임을 할 때나 고립을 감수한다. 내향적인 사람들은 조금 더 직접적으로 사람 간 접촉을 피하며, 사람들과의 친목과 소통에서 잠시 벗어난다. 이러한 침묵은 이들에게 없어서는 안 될 소중한 시간이다.

양쪽 모두에게 침묵의 시간은 사람들과 단절되거나 소통을 피하기 위해서가 아니라 정신적 에너지를 재충전하고 확보하는 실질적인 기회로써 필요하다. 그래야 한정적이고 소중한 주의력을 중요한 문제에 집중할 필요가 있을 때 제대로 쓸 수 있다.

고독이 필요할 때

침묵을 통해 우리는 자기 자신에게 사색과 반추할 시간을 선물할 수 있다. 레이먼드 케스리지Raymond Kethledge와 마이클 어윈Michael Erwin은 저서 『자기 자신을 먼저 리드하라: 고독에서 찾은 리더십Lead Yourself First: Inspiring Leadership Through Solitude』에서 명확한 판단을 내리고 올바른 방향을 설정하기 위해 훌륭한 리더들은 사람들과 정신없이 바쁘게 연결된 일상에서 벗어나, 일시적으로 고립된 시간을 어떻게 활용하는지 매우 흥미로운 사례를 보여준다.

두 사람은 서론에서 다음과 같이 말한다.

> 드와이트 아이젠하워(Dwight Eisenhower) 전 대통령의 말에 따르면, 리더십은 "다른 사람이 자발적으로 내가 원하는 일을 하게 만드는 기술이다". 그렇다고 리더십이 사람들을 조종하는 데 쓰인다는 말은 아니다. 누구나 그렇듯이 사람마다 자신만의 목표가 있다는 사실을 리더는 알고 있어야 한다. 즉, 리더는 사람들이 나의 목표를 자신들의 목표로 받아들이게끔 만들어야 한다. 하지만 그러기 위해선 먼저 본인의 목표를 명확하게 정의해야 한다. 그뿐만 아니라 거대 압력에 어쩔 수 없이 굴복해야 하는 상황에서조차 목표를 고수할 수 있을 만큼 확신이 있어야 한다. 이 정도 수준의 목표에 대한 확신과 어려운 상황에서도 목표를 지킬 용기를 얻으려면 리더십과 상관없어 보이는 무언가가 필요하다. 바로 고독이다.

전략적 침묵의 5가지 방법

이제부터 일상에서 침묵의 시간을 늘리고 전략적으로 고립된 상태를 만들 수 있는 몇 가지 방법을 제시하고자 한다.

1. 잠을 자라

어떤 일이 중요하다면 그것을 위해 일정 시간을 할애해야 한다. 따라서 수면 시간부터 확보하자. 디지털 기기에 둘러싸여 바쁜 삶을 사는 우리는 수면 시간이 늘 부족하다. 다음 통계는 믿기 어려울 만큼 충격적이다.

- 성인의 35퍼센트는 수면 시간이 하루에 7시간도 되지 않는다.
- 대학생의 16퍼센트만이 하루에 8시간 잠을 잔다.
- 10대의 권장 수면 시간은 하루에 9시간 이상이지만, 대부분 겨우 7시간을 채우고 있다.
- 학생의 86퍼센트가 핸드폰을 가지고 잠자리에 든다.

개인적으로 나는 아이들이 고등학교에 들어갔을 때 이 문제가 심각하다고 느꼈다. 대학에 입학했을 땐 상황이 더 나빠졌다. 아이들의 수면 패턴은 뒤죽박죽이었고 숙면했을 때와 그렇지 않았을 때의 차이가 명확하게 드러났다.

잠을 충분히 잘 때 얻을 수 있는 수많은 이점 중 하나는 과학자들이 말하는 '응고화consolidation'다. 이는 뇌가 기억력을 강화하고 우리가 배운 기술을 익히는 신비한 방식이다. 게다가 잠이 주는 건강상의 이점은 암, 심장 마비, 뇌졸중 위험을 줄여주는 것 외에도 수없이 많다. 잠은 스트레스를 줄여주며 우울증 치료에도 도움이 된다.

2. '7에서 7' 규칙을 지켜라

브리프랩에서 진행한 설문 조사에 따르면, 나를 포함한 응답자의 약 70퍼센트가 하루의 시작과 마무리로 스마트폰을 확인한다고 응답했다. 디지털 기기 중독을 유발하는 이 해로운 습관을 없애기 위해 나는 매일 핸드폰 이용 시간에 제한을 두기로 마음먹었다.

저녁 7시가 지나면 나는 핸드폰을 멀리 떨어진 곳에 두고 다음 날 아침 7시가 될 때까지 확인하지 않는다. 쉽지 않은 일이다. 우리는 인터넷에서 핵심 정보를 놓치진 않았나 온종일 마음 졸이며 시간을 보낸다. 고립공포감은 모든 정보를 빠뜨리지 않고 파악할 수 있다는 환상을 먹고 자란다. 정말 중요한 정보라면 자연스럽게 알게 된다고 생각하는 편이 현명하다. 나 또한 중요한 정보를 놓칠지도 모른다는 두려움과 싸우고 있다. 또한

SNS를 확인하고 밤늦게 이메일을 보내고 싶은 욕구와도 전투 중이다. 하지만 이 습관 덕분에 스마트폰 화면을 쳐다보는 시간이 줄었을 뿐 아니라 독서, 대화, 명상, 운동과 같은 생산적인 활동을 할 수 있는 시간을 확보하게 됐다.

3. 산책을 하라

간단한 산책은 우리 뇌에 놀라운 효과를 가져다준다. 의학박사이자 『의사가 제시하는 맞춤형 다이어트The Doctor on Demand Diet』의 저자 멜리나 잠폴리스Melina B. Jampolis는 이렇게 말한다. "연구조사에 따르면, 꾸준한 산책은 실제로 신경계의 상당 부분을 변형시키므로 화를 내거나 적의를 표현하는 횟수가 줄어들게 된다." 게다가 햇빛에 노출되어 계절성 우울증도 예방할 수 있다.

아침에 일어난 직후든 늦은 저녁 시간이든 상관없다. 잠깐 걸으며 머리를 비우고 지금 일어나고 있는 일들을 정리하는 시간 정도는 누구나 충분히 확보할 수 있다. 강아지를 산책시키거나 차를 타는 대신 걸어서 이동하는 것만큼 간단한 일이다.

자투리 시간을 활용해 걷기를 추천하지만, 핑계를 대며 미루기 쉽다는 점을 명심하라. 나는 그 방면으로 도가 튼 사람이다. 하지만 걸으면 확실히 기분이 좋아진다.

특히 여행지에서의 산책은 큰 도움이 된다. 모든 순간을 에너지 충전과 기분 전환에 쓸 수 있기 때문이다. 공항 터미널을 지나가거나 낯선 도시를 걸을 땐 앞만 보고 걷는다. 그렇게 걸으면 호기심으로 두리번거리다가 주의를 빼앗기는 상황을 막을 수 있다.

4. 11분 동안 기기를 꺼라

로큰롤 밴드에 관한 페이크 다큐멘터리 영화 『이것이 스파이널 탭이다This Is Spinal Tap』에는 기타리스트 나이젤 터프넬이 기자에게 자신의 고성능 앰프에 대해 말하는 유명한 장면이 나온다.

나이젤: 여길 보면, 모든 다이얼의 숫자가 11까지 올라가죠. 모든 다이얼이 그래요. 11, 11, 11, 11.

기자: 웬만한 앰프는 10까지 올라가는데 말이죠.

나이젤: 바로 그거예요.

기자: 그럼 소리가 더 크게 나나요? 소리가 더 큰가요?

나이젤: 뭐, 1만큼 더 크지 않겠어요? 10이 아니니까요. 사람들은 대개 10에 놓고 기타를 치겠죠. 여기 모든 다이얼을 10에다 맞춰놓는 거죠. 당신이 10에다 놓고 기타를 친다고 해봐요. 거기서 무엇을 더 할 수 있을까요?

기자: 잘 모르겠는데요.

나이젤: 아무것도 못 하죠. 바로 그거예요. 만약 더 큰 소리가 필요하면 우리는 어떻게 해야 하나요?

기자: 11에 놓고 치나요?

나이젤: 그렇죠. 11에 놓고 치는 거죠.

노트북이나 스마트폰에서 잠시 떨어져 10분간 휴식을 취하는 대신 11분 휴식을 고려해보자. 왜 11분이냐고?

나이젤 터프넬이 말했듯이 "만약 더 많은 휴식이 필요하면 우리는 어떻게 해야 하나요? 11분 쉬는 거죠".

스스로에게 침묵이 더 필요한지 아닌지는 자기 자신이 가장 잘 안다. 침묵을, 소리를 줄이는 앰프라고 생각하라. 우리는 의도적으로 훨씬 더 많이 침묵할 필요가 있다.

5. 나만의 '쉼터'를 찾아라

만약 온종일 온라인에 접속해 있는 바쁜 사람이라면 하루에 몇 분이라도 디지털 기기에서 떨어질 필요가 있다. 바쁘게 돌아가는 도시에서 극적으로 벗어나 바로 산속의 조용한 장소를 찾는 일이라고 생각하라.

집과 사무실, 학교 모두 방해와 소음이 일어나기 쉬운 환경인데 어떻게 여기에서 벗어날 수 있을까? 소음을 억제하고 침묵을 지키는 공간을 찾거나 만들어낼 약간의 상상력과 결단력이 필요하다. 물론 쉽지 않겠지만, 효과는 어마어마하다.

직장에서는 비어 있는 사무실 혹은 회의실을 찾아내거나 '방해하지 마십시오'와 같은 푯말을 만들거나 노이즈 캔슬링 기능이 있는 헤드폰을 사는 방법이 있다. 집에서는 독서와 사색, 휴식을 위한 신성한 공간으로 방을 하나 만들거나 그냥 의자와 책상만 두어도 좋다. 학교에선 도서관 또는 독서실을 이용하거나 빈 교실에 앉아 있는 것으로 효과를 볼 수 있다.

• FOCUS •

소음을 막아주는 헤드폰과 이어폰

원치 않는 소리를 효과적으로 차단하고 싶다면 최신 헤드폰 또는 이어폰을 착용하는 것도 하나의 방법이다. 기내, 사격장, 사무실 등 장소를 불문하고 주변 소음을 완벽에 가까울 정도로 차단하는 효과를 확인할 수 있다.
이를 가능케 하는 기술은 다양하며, 접근법도 서로 다르다. 세계적인 오디오 기기 생산업체 슈어(Shure)에서 마케팅 임원으로 근무했던 스티븐 콜러(Stephen Kohler)에 따르면, 주변 소음을 낮추고 오디오 사운드를 강화하는 방법에는 두 가지가 있다.

사운드 아이솔레이팅

주식회사 슈어는 사운드 아이솔레이팅(sound isolating) 이어폰과 헤드폰 개발을 선도해왔다. 쉽게 설명하자면, 사운드 아이솔레이팅은 외부 소리가 거의 들어오지 못하도록 디자인된 이어폰을 귀에 꽂아 외부 소음을 차단하는 방법이며, 그들의 말에 따르면 '몰입 경험'을 선사한다. 슈어의 제품은 인기가 굉장하다. 많은 전문 음악인이 무대에서 자신의 목소리를 120데시벨 정도의 크기로 들을 수 있게 해주는 슈어의 프로용 인이어 스테레오 모니터 시스템(Professional In-Ear Stereo Monitor Systems)을 사용한다.

노이즈 캔슬링

음향 산업의 또 다른 글로벌 선두 기업 보스(Bose Corporation)는 노이즈 캔슬링(Noise Canceling) 기술 개발을 선도해왔다. 노이즈 캔슬링 기술은 헤드폰에 감춰진 마이크가 외부 소음을 잡아내면 전자 회로가 활성화되어 정반대의 음파를 만들어내는데, 이것이 듣는 사람에게 소음 차단 효과를 가져다준다.

바쁜 세상에서 명상하기

바쁜 현대인의 삶을 살면서도 침묵의 시간을 즐길 수 있는 간단한 방법은 다양하다. 낮잠을 자거나 짬을 내어 산책하거나 누구의 방해도 받지 않는 직장 내 조용한 피난처를 찾는 것만이 전부는 아니다.

몇백 년 전 강한 종교적 소명 의식을 가진 사람들은 사회를 완전히 떠나 수도원 생활을 했었다. 기독교 역사에서 이러한 움직임을 주도했던 유명한 성인 중 한 사람이 바로 누르시아의 베네딕트Benedict of Nursia다. 그는 529년 이탈리아에 수도원을 세웠는데, 사람들은 이곳에서 '오라 에트 라보라ora et labora('기도하고 일하라'라는 뜻의 라틴어-옮긴이)', 즉 기도와 노동에 헌신하며 속세에서 벗어나 묵상하는 삶을 살았다. 이것이 신을 거스르는 일이라고 말하는 사람은 극히 드물었다. 수도승들은 8시간 기도하고 8시간 일하고 8시간 수면하는 생활을 했다.

최근에 나의 부모님은 바쁜 현대인들의 생활에 맞춰 특별히 수정된 고대 수도원 규율을 따르도록 하는 종교 단체에서 활동했다. 그 단체의 소명은 '바쁜 세상 속에서 묵상하기'였다. 설립자는 1시간 동안 조용히 기도하기, 묵주 기도하기, 성경에 대해 묵상하기 등과 같은 수행을 매일 하도록 사람들을 격려했다. 이와 같은 수행은 대개 우리 마음에 휴식과 재충전의 시간을 주는 것으로 드러났다.

아버지는 결혼 전 가톨릭 교단 중 하나인 알렉시안 브라더스 Alexian Brothers에 짧게 몸담으셨다. 교단의 소명 의식이 아버지와 잘 맞지 않았지만, 아버지는 조용한 삶, 묵상하고 기도하는 삶에 강하게 끌렸다.

부모님은 차로 이동 중일 때 나와 형제들에게 묵주 기도를 시키곤 하셨다. 지금 생각해보니, 묵주 기도는 두 분이 하고 싶은 일이었다. 뭐, 부모님과 함께 있었으니 우리도 할 수밖에 없었다. 기도하는 내내 지루했지만, 가족의 일원으로서 해야 하는 일이었다.

용어가 낯선 사람들을 위해 설명하자면 묵주 기도는 "은총이 가득하신 마리아 님……", "영광이 성부와 성자와……" 같은 짧은 기도문을 크게 반복해서 말하는 기도다.

현재는 과거 어느 때보다도 이와 같은 기도로 깊은 영적 가치와 정신적 가치를 찾을 수 있다. 기도는 뇌의 긴장을 풀어주고 자유롭게 한다. 강제로 우리 마음을 특정한 곳으로 데려가진 않지만, 자연스럽고 우아하게 명상이나 휴식을 할 수 있게 이끌어 준다. 역설적이게도, 어렸을 때 했던 묵주 기도는 마음의 긴장을 풀어주어 달리는 차 안에서 나는 몇 번이나 잠들 수 있었다. 그때 나는 기도가 필요했고, 내 아이들은 지금 그 어느 때보다도 기도가 필요하다!

주목! 한마디

우리 뇌를 컴퓨터 프로세서 혹은 고성능 엔진이라고 생각한다면 틈틈이 쉬는 시간을 가져야 한다. 침묵은 절대적으로 필요하다. 그래야 머릿속에서 쉬지 않고 돌아가는 엔진이 우리의 에너지를 다 빼앗지 못하게 막을 수 있다. 우리 모두 마음의 휴식과 재충전을 위한 침묵의 시간이 매일 필요하다.
일상에 침묵을 가져다줄 수 있는 한 가지 행동을 매일 의식적으로 해보자.

• 14 •
현재에 충실한 듣기

경청하는 법을 알고 있는 사람은 거의 없다. 심지어 배우려는 사람조차 드물다. 장애물이 너무 많기 때문이다. 우리는 정신없이 바쁘고 산만한 삶을 살고 있으며 자기 생각, 관점, 계획에만 집중한다. 애초에 타인의 말을 적극적으로 경청할 수 있는 정신적 에너지와 여유를 가진 사람이 얼마나 될까?

듣기에는 많은 에너지가 소모된다. 하지만 듣기를 통해 우리는 새로운 통찰력을 얻고 서로를 더 깊이 이해하며 관계를 더 돈독하게 만들어줄 힘을 얻는다. 지인 중 다른 사람의 말을 경청하는 사람이 누군지 생각해보라. 그런 사람이 다섯 명이 넘는가? 아마 아닐 것이다. 그 사람들과 하는 대화는 무엇이 특별한

가? 어떤 느낌을 받는가? 그들의 비결은 무엇일까?

'현재에 충실한 듣기present listening'는 내가 의도적으로 만들어낸 말이다. 현재에 집중하는 상태(앞으로 급하게 나아가거나 뒤돌아보지 않고 오로지 지금 이 순간에 집중하는 상태)와 대가를 바라지 않는 선물처럼 특정 의도가 거의 혹은 전혀 없이 상대방의 이야기를 듣는 태도, 이 두 가지를 뜻한다.

현재를 충실히 듣는 사람들은 소음을 낮추고 자기 자신뿐 아니라 다른 사람들도 집중하게 만드는 힘이 있다.

브리프랩에서 워크숍 프로그램을 구상할 때 정확하게 소통하는 방법에 대한 커리큘럼을 가장 먼저 개발했다. 그런데 시간이 흐를수록 효과적인 의사소통의 핵심 기술로서 듣기의 가치가 수면 위로 솟아오르는 거품처럼 떠올랐다. 사실대로 말하자면, 나도 남의 말을 잘 듣는 사람이 아니었기 때문에 강의에서 내가 덧붙일 말이 거의 없었다. 집중해서 들을 때도 있었지만, 그 당시 적극적 경청active listening이 내 강점은 아니었다. 함께 강의했던 고인이 된 남동생 조니는 사람들의 말을 굉장히 잘 들었고, 이 기술을 가르쳐야 한다고 주장했다.

동생의 조언대로 이틀간 강의를 듣는 참가자들을 위해 집에서 적극적 경청을 실습할 수 있는 과제를 구상해보기로 했다. 과제는 누군가와 15분간 대화를 나누는 동안 본인의 의식을 관찰하는 내용이었다. 다시 말해, 자기 자신의 '숨어 있는 600단어'가 대화 중 머릿속에서 마구 날뛰는 소리를 듣는 것이었다.

그 결과를 공유하는데, 가슴 아픈 이야기(헤어진 여자친구에게 전화해 3시간 동안 이야기하기)를 비롯한 놀라운 성공담(까칠한 10대 아이의 마음의 벽 허물기)과 유쾌한 실패담(소파에 잠들어버린 이야기)이 모두 섞여 있었다. 그동안 수도 없이 들어온 이야기 중 특히 기억에 남는 게 하나 있다.

정예부대 출신의 한 군인은 과제가 주어진 다음 날 아침 나와 참가자들에게 듣기 과제의 어려움에 대해 털어놓았다.

"아주 크게 실패했습니다." 그가 단도직입적으로 말했다. "아내가 대화하다 말고 나가버렸거든요."

그가 이어서 속사정을 털어놓았다. "과제를 정말 잘하고 싶었습니다. 그래서 아내의 말을 '적극적인' 정도가 아니라 '공격적으로' 듣기 시작했습니다. 반에서 가장 잘하고 싶었거든요. 아내는 부엌으로 가 오늘 하루가 어땠는지 미주알고주알 이야기하기 시작했습니다. 아내의 말에 그렇게 귀 기울여본 적은 처음이었습니다. 굉장했죠. 아내는 쉼 없이 이야기를 이어갔고, 저는 아내의 말을 한마디도 놓치지 않으려고 집중했어요. 그러다 갑자기 부엌 조리대가 눈에 들어왔습니다. 뭔가 엎질러져 있는 게 보였어요. 아내의 말을 계속 듣고 있었지만 온 신경이 조리대 위에 쏟아진 가루로 쏠렸습니다. 그게 설탕인지 레모네이드인지 아니면 다른 가루인지 궁금해졌어요. 그렇지만 확인하고 싶은 욕구를 계속 억눌렀죠. 아내의 말을 정말 열심히 듣고 있었으니까요." 그가 자랑스럽게 말했다.

"그러다 아주 잠깐만 대화를 멈추면 가루를 치울 수 있겠다는 생각이 들었어요. 제 고개가 돌아가며 시선이 다른 곳으로 향하자마자 아내는 '그럼 그렇지! 당신이 내 말을 제대로 들을 리가 없지!'라며 소리를 지르고는 문을 부술 듯이 닫고 나가버렸습니다. 그렇게 듣기 연습은 끝나버렸어요."

그가 말하는 동안 우리는 모두 자리에 꼼짝하지 않고 앉아 있었다. "전 과제를 포기할 생각이 없었습니다. 그래서 이야기를 들어줄 사람을 찾아 피자헛으로 전화를 걸었죠. 한 청년이 전화를 받았습니다. 저는 '오늘 하루 어땠냐, 일은 마음에 드냐, 배달할 때 어떤 차를 이용하냐'를 물었을 뿐인데, 그 청년은 기겁하더니 전화를 끊더라고요."

공격적 듣기는 적극적 경청이 아니다. 나아지기로 결심한다고 해서 곧바로 성공으로 이어지는 것은 더더욱 아니다. 꾸준한 연습만이 변화를 끌어낼 수 있다.

다른 사람의 말을 듣는 게 왜 그렇게 힘들까?

주의를 기울이는 일은 정신적 에너지가 필요하다. 많은 경우 사람들이 무슨 말을 하려는 건지 혹은 무슨 대화를 하고 싶은지가 명확하지 않다. 그러는 동안 숨어 있는 600단어는 토를 달고 비난하고 의문을 품기 시작한다. 아니면 완전히 다른 방향으로 관심을 돌려버린다.

대화에 집중하기란 힘든 일이다. 특히 나쁜 습관을 갖고 있거나 유용한 변명거리가 차고 넘칠 때 더욱더 그렇다.

- 온갖 것에 정신이 팔려 있다.
- 모두 환경 탓이다.
- 디지털 기기를 들여다보는 게 잠깐이라도 더 흥미롭다.
- 사람들의 말을 따라가기가 너무 어렵다.
- 전에 다 들어본 말이다.
- 별로 중요한 문제가 아니니 나는 상관없다.
- 이보다 더 재미있는 일이 있다.
- 끝이 보이질 않는다. 도대체 언제 끝나는 걸까?

적극적 경청은 흐름에 맞는 좋은 질문을 하면서 대화에 온전히 집중하고 몰입하는 것이다. 똑같이 어렵지만 그렇게 힘들지 않은 수동적 경청passive listening과 거리가 멀다. 잘 듣는 것은 소음을 줄이고 주의력과 집중력을 동시에 높이는 강력한 방법이다. 상대의 말에 귀를 기울이면 대화는 급속도로 진전된다.

듣는 게 직업인 사람은 태도부터 다르다

적극적 경청이 필수 역량인 직업이 몇 가지 있다. 소방관이나 회계사, 그래픽 디자이너들은 업무를 할 때 듣기 역량이 중요하지 않다. 그들에게는 과감함, 성실함, 창의력이 요구된다.

하지만 일부 직업군에서는 듣기 역량에 따라 일을 '잘'하는 사람과 '독보적으로' 잘하는 사람으로 나뉜다.

사람들의 말을 경청하는 것으로 밥벌이를 하는 직업 3개가 떠오른다. 각 직업의 가장 큰 목적은 무엇일까? 그들은 모두 이야기에서 흥미를 '찾는' 게 아니라, 이야기 자체에 훨씬 흥미를 '느끼'는 편이며, 듣는 목적이 확실하다.

- 기자는 이야기를 폭로하기 위해 듣는다 실력이 검증된 기자는 어떤 상황에 놓이더라도 갈등, 인물, 문제 해결 방안과 같은 이야깃거리를 찾아낼 것이다.
- 심리치료사는 고통의 원인을 밝히기 위해 듣는다 환자는 정신과 진

료실에 앉은 후 얼마간 시간이 지나면 숨겨왔던 트라우마나 내적 갈등, 개인적 부담 등을 의사에게 털어놓을 것이다.

- 심문관은 거짓말을 탐지하기 위해 듣는다 증인이나 용의자는 미제 사건의 퍼즐을 푸는 데 도움이 될 만한 정보를 밝힐 것이다.

위에서 언급한 직업들을 보면, 이 사람들은 단지 누군가의 이야기를 잘 듣는 것에 그치지 않고 어떤 목적을 가지고 이야기를 듣는다. 확실한 목적과 깊은 관심을 가지고 이야기를 들을 때와 아닐 때는 그 차이가 어마어마하다.

현재에 충실한 듣기를 위한 7가지

듣기 역량을 효과적으로 키울 수 있는 단 하나의 비법은 존재하지 않는다. 우리 주변과 머릿속 소음이 심하더라도 노력하고 연습하면 대화하는 순간만큼은 자기 자신에서 다른 사람으로 얼마든지 관심을 옮길 수 있다.

이는 자기중심적인 생각에서 벗어나는 동시에 시간을 멈추는 힘이 합해진 마법 같은 초능력을 얻는 것과 같다. 그리 쉬운 일이 아니라는 뜻이다.

다음 일곱 가지 핵심 사항을 함께 살펴보자.

1. 현재에 집중하자 너무 앞서가거나 되돌아가지도 말고 그 순간에 집중하라. 현재가 가장 중요하다. 그러니 참고 기다려라.
2. 흥미를 느끼자 의미 있는 질문을 던져라. 나만 돋보이려 하고 내 이야기 혹은 내 말만 전하려는 태도보다 화자의 말에 주의를 기울이고 집중하며 관심을 갖는 태도가 훨씬 도움이 된다.
3. 화제의 중심이 내가 아니라는 사실을 알아차리자 상대에게 나와 내 관심을 선물로 주면 뜻밖의 보답을 받을지도 모른다. 그렇다고 바로 기대하지는 말자.
4. 특정한 의도를 가지고 대화에 임하지 말자 대화의 흐름을 미리 정한 방향으로 억지로 끌고 가거나 구체적 결론을 도출하려고 하지 마라. 사람들의 능력을 믿고 활력이 되는 좋은 질문을 주고받으며 대화가 자유롭게 흘러가도록 내버려두자.
5. 상대를 이해하자 동조나 반대를 기대한다면 핵심을 놓치게 된다. 관심과 공감으로 상대의 이야기를 수용하고 이해하라.
6. 때로는 괴로운 순간도 받아들이자 조금 괴롭더라도 친절하고 참을성 있게 사람들을 대하려 노력한다면 다른 이들을 기쁘게 할 수 있다. 기억하라, 그런다고 죽는 건 아니다.
7. 감정이 아닌 선택이 듣는 태도를 좌우한다는 사실을 이해하자 상

대 이야기를 경청하는 사람이 극히 드문 데는 다 이유가 있다. 그들은 순간순간의 감정을 따르기보단 우선 다른 사람들에게 집중하기로 선택한 것이다.

위에서 언급된 사항들은 훨씬 더 큰 개념으로 발전한다. 집중할 대상은 나 자신이 아니라 상대방이다. 이 같은 관점의 전환이 굉장히 중요하다.

상대를 더 잘 알고 싶어 하는 마음

현재에 충실한 듣기는 마음의 문을 여는 데 핵심적인 역할을 한다. 예를 들면, 내 강의를 수강했던 그린 버렛은 미 국무부에 있는 고위 관리와 어떻게 끈끈한 관계를 맺을 수 있었는지 말해주었다. 해외 파견 근무 중이었던 그는 대사관의 고위급 직원 여러 명과 연락할 일이 많았다.

"전 내향적인 사람이고 대사님도 그랬죠." 그가 이야기를 시작했다. "저는 대사님과 함께 이동해야 했었는데 정말 어색했습니다. 차에서 보내는 시간이 많았는데 둘 다 이야기를 하지 않았거든요. 전 대사님의 업무와 그 자리에 올라가기까지 그분이 해야만 했던 일들을 떠올렸고, 그래서 '어떻게 이 일을 하게 되셨나요?'라고 물었습니다. 나쁜 의도는 전혀 없었으며 대사님이 어떤 대답을 할지 궁금했습니다."

사소한 질문에서 시작된 대화는 반나절 동안 차를 타는 내내 계속됐다. 며칠 뒤 버렛은 동료들과 함께 대사관 복도에 서 있었는데, 마침 복도를 지나던 대사가 버렛의 이름을 부르며 인사를 건넸다.

"어떻게 대사님이 네 이름을 아는 거야?" 동료들이 신기해하며 물었고, 버렛은 이렇게 대답했다. "그냥 '며칠 전 대사님과 정말 좋은 대화를 나눴거든'이라고 말했죠."

나는 이러한 유형의 대화를 통해(많은 사람이 이런 대화를 좋아한다) 사람들에 대해 더 자세히 알게 되는 숨은 보석을 발견했다. 이는 꼬치꼬치 캐묻거나 상대를 이용하려는 마음이 아니라 진심으로 상대를 더 잘 알고 싶은 마음이다. 우정과 깊은 인간관계는 이렇게 쌓는 것이다.

영업 사원들은 다른 사람의 이야기를 듣지 않기로 악명이 높다. 자기 이야기만 하느라 바쁘기 때문이다. 경청하는 사람은 특별한 사람이며 본인 목소리를 듣는 것보다 상대방의 이야기를 듣고 수용하는 것을 더 좋아한다.

영광스럽게도 나는 국내의 한 영업 전략 콘퍼런스에서 기조연설을 할 기회가 있었다. 수천 명의 영업 전문가 앞에서 좋은 대화를 이끌어가는 방법에 관해 이야기하며 상대방의 이야기를 경청하라고 강조했다. 연설 중간에 그린 버렛이 대사와 차 안에서 대화를 나눴던 이야기도 공유했다. 연설 막바지에는 회의장에 있던 모든 사람에게 자신의 고객이 어떻게 일을 시작하게 됐는지 아는 사람이 몇 명이나 있느냐고 물었다.

그 순간 장내에 적막이 흘렀다. 그 사람들이 현재에 충실한 듣기를 알았더라면 훨씬 높은 판매 실적을 달성했을 것이다.

당신에게 이야기를 털어놓고 싶게 만들어라

사람들은 상대방이 자신에게 관심이 있는지 없는지를 금방 파악한다.

내 동생 조니는 이 엄청난 재능을 갖고 있었다. 동생은 굉장히 재미있는 사람인 데다 훌륭한 이야기꾼이었다. 하지만 무엇보다도 조니는 사람들을 향한 관심이 깊었다. 조카들과 직장 동료, 대학 동기, 비행기에서 처음 보는 사람까지 조니는 모든 사람의 이야기에 흥미를 느꼈고, 순식간에 그들은 조니의 최대 관심사가 되었다. 사람들을 향한 동생의 애정은 자석과도 같았으며, 지인들 대부분이 이를 느꼈다.

사람들의 말을 집중해서 경청하는 것은 그가 가진 최고의 재능이었다.

사람들은 조니의 관심과 사랑을 느끼고 기억했다. 조니가 진짜 대화에 몰입했을 땐 보통 사람들이라면 놓칠 법한 이야기도 들을 수 있었다. 조니는 사람들을 더 잘 알게 되었으며 사적으로 더 친해졌다.

다른 사람들이 대화를 포기하거나 화제를 돌릴 때, 우리는 사람들의 의견과 통찰력, 취향을 포착해낼 수 있다. 사람들은 누군가와 말을 하고 나서야 솔직하게 이야기를 털어놔도 괜찮겠다고 느낀다. 그 누군가는 사람들 주변의 소음 수준을 낮추는 데 중심 역할을 하며 그들이 삶에서 불필요한 이야기를 차단할 수 있게 도와주는 사람이다. 기억에 남고 중요한 의미가 담긴 대화를 나누는 사람이다.

이런 능력을 갖춘 사람은 드문 데다 그 능력을 제대로 발휘하는 사람은 더더욱 드물다.

앞서 언급했듯이, 아마도 이 정도로 상대방의 이야기를 경청하는 사람을 다섯 명도 말하지 못할 것이다. 그 다섯 명 중 한 사람이 되어라. 그렇게 된다면 다른 이들 사이에서 분명 돋보일 것이다.

소음을 물리치기 위해 침묵하기

어떤 곳은 다른 곳보다 소음이 더 심하다. 미 합동특수작전사령부 소속 참모 장교 톰 언하트(Tom Earnhardt)는 최고의 전문가들과 업무를 수행했다. 작전 수행에 필수적인 장비를 손보고, 수십 가지의 사안과 관심과 조치가 최우선으로 필요한 장병들을 관리했다.

"소음도 삶의 일부라는 사실을 일찌감치 깨닫고는 상관의 말에 집중하고 사령부의 동향을 파악할 수 있게 저 자신을 단련시켰습니다." 톰이 말했다.

2010년 레베카는 사령부 근처 한 부대에 공보 장교로 부임했다. 그 지역에 처음 부임한 그녀는 소음이 난무하는 주변 환경과 씨름해야 했다. 늘어나는 업무, 제한된 자원, 대내외적인 소통에 대한 걱정으로 제대로 일을 할 수가 없었다.

"레베카가 겪는 문제와 주변 소음에 대해 굉장히 잘 알고 있었죠." 톰이 말했다. "하지만 그건 제가 아니라 레베카가 해결해야 할 문제였습니다. 그래서 다급하게 저를 불러 부탁하기 전까진 그녀 스스로 문제를 해결하도록 두었죠."

어려운 환경에서 레베카는 부대가 다양한 기관과 소통하는 방법을 혁신적으로 바꿀 전략을 세워야 했다. 그녀는 터무니없고 거의 비현실적인 업무에 대해 톰에게 이야기했고, 톰은 그녀의 고충을 이해하고 도와주기로 했다. 레베카는 궁지에 몰려 어디서부터 시작해야 하는지 거의 감을 잡지 못하는 상태라 털어놓았다.

"레베카의 문제에 굉장히 공감했습니다." 그가 말했다. "그래서 생각할 시간을 달라고 하고 몇 시간 후 연락하겠다고 말했습니다."

톰은 그때 본인 주변의 심각한 소음 문제를 정확하게 인지하고 있었다고 인정했다. 하지만 레베카의 말을 듣고 나서야 시간을 내 차분하게 해결 방안에 대해 깊이 생각하게 되었다.

"처음에는 레베카를 어떻게 도와야 할지 전혀 모르겠더라고요. 하지만 여유를 갖고 '도움을 줄 수 있는 사람이 누가 있을까?' 생각했습니다. 약 5년 전 저도 이와 비슷하게 중요 업무를 맡았었습니다. 당시 제 상관이셨던 콜드웰 소장님은 이라크 다국적군 앞에서 연설을 준비 중이셨죠. 그때 소장님을 도우러 시카고에서 포트 브래그(Fort Bragg)까지 날아온 한 마케팅 회사 임원을 만났습니다.

그래서 전화를 걸어 레베카에게 그를 소개해줬어요."
이 이야기가 중요한 이유는 톰이 레베카의 말을 듣기 위해 하던 일을 멈춘 후 침묵의 시간을 통해 해결 방안을 생각해냈기 때문이다. 또 중요한 사실은 그날 톰이 내게 전화를 걸었고, 그렇게 레베카의 문제를 바로 잡고 『브리프』를 쓰는 여정이 시작됐으며 지금 이 책으로까지 이어지고 있다.

주목! 한마디

가족과 친구, 동료들과 더 깊이 연결되고 더 끈끈하고 친밀한 관계를 쌓으려면 꾸준히 연습해 현재를 충실히 듣는 습관을 들여라. 현재에 충실한 듣기는 나를 돋보이게 하며 소음을 줄여준다.
주변 소음을 낮추려면 대화의 목적을 정확히 인지한 상태로 나의 관심과 시간이라는 선물을 베풀며 상대의 이야기를 잘 들어야 한다.

• PART 4 •

간결함의 기술

· 15 ·

집중력 관리의 원칙

집중력 관리focus management란 주변 사람들의 주의력 향상을 도와야 할 일종의 의무다. 사람들이 정보의 홍수에 허우적거릴 때 우리는 땅에 단단히 발을 딛고 그들에게 구명 밧줄을 던져야 한다. 사업 고객뿐 아니라 동료, 아이들까지 정보의 바다로 쓸려 나갈 수 있다. 디지털 기기에 심하게 중독·연결되어 주의가 산만해진 나머지 계속 더 많은 정보를 처리하고 소음에 굴복하는 일을 자제할 수 없기 때문이다. 극적이고 새로운 방법으로 소음에서 빠져나올 수 있도록 도울 수 있어야 한다.

스스로를 '집중력 관리자focus manager'라고 생각해보자. 이는 우리가 다양한 환경과 인간관계에서 수행할 수 있는 비공식적 직업이다. 이 영광스러운 직업은 겉으로 드러나진 않아도 뉴노멀이 되어가는 멈추지 않는 소음에 굴복해 귀가 머는 위협에서 우리의 지인들을 구해줄지도 모른다.

앞서 논의한 대로, 우리는 쏟아지는 정보 폭격에서 뇌를 보호하고 주의력을 개선해야 할 책임이 있다. 이 책임을 다해야 하는 동시에 현실도 직시해야 한다. 그리고 우리의 지지와 도움 없이는 가족과 회사, 주변 사람들이 당장 이 어려운 도전을 받아들이지 못할 것이라는 사실을 인정해야 한다. 그들은 정보 비만 사회의 위협이나 결과를 인지하지 못하고 있거나 삶에서 가장 소중한 것들을 추구하는 데 필요한 자제력을 기르고자 힘겹게 싸우고 있을지도 모른다. 우리는 자력으로 위기를 극복할 수 없는 사람들을 도와야 한다.

분 단위로 쏟아지는 디지털 기기의 폭격

소음은 훨씬 더 큰 소음을 낳는다. 곳곳에 널린 화면은 통찰, 지혜, 지식이 아닌 무의미한 정보를 보여준다. 아무렇지도 않게 소음을 더 많이 소비하도록 부추기는 역할의 중심에 디지털 기기가 있다. 이는 결코 좋은 그림이 아니다. 다음은 데이터 분석 프로그램 스태티스티카Statistica에서 1분마다 무슨 일이 일어나는지 조사한 자료로 매우 충격적인 내용을 담고 있다.

- 1분마다 유튜브에서 430만 개의 동영상이 시청된다.
- 1분마다 2.1개의 사진이 스냅챗Snapchat에서 공유된다.
- 1분마다 1,300만 개의 문자메시지가 보내진다.

우리는 세상에 쏟아지는 정보의 물결을 저지할 필요가 있다. 물론 쉽지 않다. 자, 이제 집중력 관리자가 되기 위한 도전을 받아들이겠는가?

모임을 완벽하게 즐기는 방법

몇 년 전, 내 딸 조안나는 열다섯 번째 생일 파티를 열었다. 고등학생인 조안나는 저녁에 대략 열두 명의 여자아이들을 집으로 초대했다. 시카고 교외의 3월 말, 날씨는 밖에 있기엔 아직 추웠다.

딸아이의 친구들이 도착하자 여덟 살 난 막내딸 마르타가 깜짝 돌발 행동을 했다. 조안나의 친구들은 모두 스마트폰을 가지고 있었는데, 마르타는 언니 친구들이 밤새 스마트폰을 사용할 거로 생각했다. 마르타는 조안나의 친구들이 들어오면 커다란

플라스틱 용기를 들고 자기보다 거의 두 배 더 나이가 많은 언니들에게 핸드폰을 용기 안에 넣으라고 (부탁이 아니라) 말하기로 했다.

나는 옆에 서서 마르타가 자신감 넘치는 목소리로 대담하게 말하는 걸 들었다. "언니들, 핸드폰은 여기다 넣어. 잘 보관해둘 테니 파티가 끝나고 가져가면 돼. 언니들은 훨씬 더 재미있는 시간을 보내게 될 거야."

나는 너무나 놀랐다. 그리고 마르타가 정말 자랑스러웠다. 배짱이 대단한 아이다. 아무도 마르타에게 그 일을 시키지 않았다. 딸아이는 스스로 행동에 나섰으며 스마트폰의 유무가 파티의 몰입도에 엄청난 차이를 가져올 것을 알고 있었다.

마르타의 말이 맞았다. 저녁 내내 아이들은 모두 파티에 완전히 빠져 있었다. 누구도 SNS에 게시글을 올리거나 핸드폰을 확인하고 싶어 하지 않았다. 실제로 아이들은 파티를 완벽하게 즐겼다.

몇 년 후 마르타는 본인의 파티를 열게 됐고 같은 행동을 했다. 결과는 같았다. 몰입할수록 재미는 배가 된다.

의지력은 어떻게 성공의 요인이 되는가

우리의 소중한 자산인 집중력을 다루는 이야기는 많다. 역설적이게도 너무 많아서 문제다. 사실, 이 주제를 다룬 책이 너무 많아 제대로 읽지 않고 지나치기 쉽다. 하지만 대니얼 골먼의 『포커스』는 다르다.
골먼의 말을 빌리자면, "강력한 집중력은 내면의 평화와 함께 기쁨까지 가져다준다."
각 장의 제목은 이 책이 말하고자 하는 바를 전달해준다. 각 장의 제목으로는 주의력 해부, 주의의 기본 형태, 주의의 꼭대기와 바닥, 산만한 마음의 중요성, 자기인식, 다른 사람의 눈으로 자신을 바라보기 등이 있다.
이 책은 실생활에 적용할 수 있는 방법을 제시할 뿐 아니라 흥미롭고 잘 읽히며, 시의적절하고 이해도 잘 된다. 게다가 책장을 넘길 때마다 메모를 멈출 수가 없다.
특히 '자기통제의 비결'이라는 제목의 장이 굉장히 눈에 띄었다. 골먼은 충동 조절의 필요성과 그것이 우리 삶에서 얼마나 핵심적인 역할을 하는지 강조한다. 책에서 골먼은 자기통제에 집중하는 것이 성공을 예측하는 변수라고 말한다.
"통계 분석 결과, 유년 시절 자기통제력이 출신 계층이나 가족의 재산 혹은 IQ만큼 성인 시절의 경제적 성공과 건강, 전과 기록을 예측하는 중요한 기준으로 작용한다. 의지력은 성공적인 인생을 결정하는 완전히 독립적인 요인으로 나타났으며, 실제로 경제적 성공과 관련해 어린 시절 자기통제력이 IQ나 출신 가정의 사회 계급보다 더 강력한 예측 요인인 것으로 밝혀졌다."

집중력 관리자의 7가지 자질

오늘날 우리는 내 딸 마르타와 같이 중심을 잡아주는 역할을 해야 한다. 우리는 주의력 저하로 고생하는 사람들이 끊임없이 마음을 산만하게 하고 삶을 소홀히 대하게 만드는 소음의 유혹에 빠지지 않도록 도와야 한다. 우리는 행동에 나서야 한다.

사람들의 주의력 향상을 도우려면 어떤 자질을 갖춰야 하는지 살펴보자.

- 리더십 현재 상황을 사람들이 있는 그대로 받아들일 때 책임을 맡아라.
- 명확한 의사소통 간결하고 명료하며 정확하게 말하고 써라.
- 한 가지 목표에 집중 우리의 주된 관심사는 사람들의 성장을 돕고 그들이 처한 환경을 개선하는 일이다.
- 당당함 허락을 구하지 마라. 우리는 임무 수행 중이다.
- 이타심 진심으로 사람들의 행복에 관심을 가져야 한다.
- 절제 단호하고 흔들림 없이 아니라고 말할 자제력을 갖춰야 한다.
- 용기 쓴소리하는 사람이 되기를 두려워하지 마라.

전체적으로 우리 주변 환경은 불필요한 소음으로 넘쳐나고, 사람들은 소음에 익숙해졌다. 아이들뿐 아니라 부모, 친구, 전문가들도 장시간 소음에 노출되어 있다. 누군가는 앞장서서 우리 주변이 평소처럼 아무 생각 없이 지내는 공간으로 변하지 않도록 해야 한다.

소수의 사람이라도 다수에게 “이제 그만”이라고 말하기 시작해야 한다. 한 개인이 사회 전체를 바꿀 수도 있다. 이는 좋은 쪽으로든 나쁜 쪽으로든 역사를 통해 밝혀진 사실임에도 불구하고 자신이 그런 사람이 될 수 있다는 생각은 비현실적으로 느낀다. 정보 과부하가 초래한 부담감과 압박감이 마음에 계속 쌓여갈 때 우리는 무엇을 할 수 있을까? “그만”이라고 외치고 상황이 바뀌기만을 기다릴 것인가? 조용히 불평한다고 해서 모두에게 도움이 될 것인가?

헌신적인 사람이 한 명만 있어도 소음 줄이기 운동을 시작할 수 있다.

이렇게 소음이 난무하는 세상에서는 학교, 집, 사무실, 사교모임 등과 같은 아주 가까운 주변 환경이 변화의 움직임을 시작하고 그 영향을 전파하기에 가장 좋다. 다음을 참고하여 작은 일부터 시작해보자.

- 중요하지 않은 회의 회의가 방향을 잃을 때 생산적인 안건을 요구하거나 혹은 자리를 박차고 나갈 준비가 되었는가?
- 고개를 숙이고 보내는 가족 시간 식사 시간에는 온라인 공간에 있지 말고 서로의 얼굴을 보며 대화하자고 가족들에게 말

하고 있는가?

- SNS와 멀어지기 사람들의 시간만 낭비할 뿐인 오늘 먹은 샌드위치와 같은 포스팅을 SNS에 덜 올릴 의향이 있는가? 혹은 SNS를 아예 차단할 생각이 있는가?
- 기술을 향한 열정 내려놓기 스크린과 태블릿 PC 대신 종이와 펜을 더 자주 사용하고 있는가?
- 항상 접속해 있을 것이라는 기대 인내심을 기르는 연습을 하는 동시에 이메일이나 문자메시지에 재깍 응답하지 않는다고 사람들을 비난하는 행동을 멈추었는가?

위 방법이 사소해 보여도 각각의 실천이 미치는 영향력은 상당하다. 패러다임이 바뀌고 상황이 달라진다. 현상타파는 작은 실천에서부터 시작된다는 것을 잊지 말자.

환경이 나를 바꾸도록 내버려두지 마라

'집중력 관리자' 모집 공고는 다음과 같다. "많은 친구와 가족, 동료가 불필요한 정보로 인해 걱정하거나 무의미한 감정에 이입하거나 정보에 중독되지 않도록 도와주고 싶은 리더. 정신력이 강하고 고요한 시간을 즐기며 명확성을 추구해야 함."

이본은 직장에서나 집에서나 위와 같은 리더였다. 세 아이를 키우는 싱글맘이자 워킹맘인 이본은 주류를 거스르는 일을 두려워하지 않는 사람이었다. 그녀의 아이들은 평범한 학생이었고 운동을 좋아했으며 친구들도 많았다. 그런데 다른 부모들은 아이들의 어리광을 훨씬 더 관대하게 받아준 데 비해 이본의 아이들은 어렸을 때부터 엄마의 안 된다는 말에 익숙했다.

이본은 의지력이 강했으며 아이들을 정신이 건강한 어른, 즉 자제력을 발휘하고 중요한 문제에 집중할 수 있으며 사람들의 시시한 잡담과 쓸데없는 이야기를 거를 줄 아는 어른으로 키우고 싶었다.

직장에서도 이본은 말만 난무하고 행동은 없는 회의를 견디지 못했다. 그녀는 퇴근 후 그리고 주말에 이메일 확인 시간을 제한하는 규칙을 정했다. 고객과 대화할 때는 항상 의미 있는 질문으로 흐름을 주도했고, 고객의 말을 놓치지 않고 경청했다. 고객들은 이본의 적극적인 태도를 마음에 들어 했고 직접 그녀의 이름을 지명해 함께 일하자고 제안했다.

이본의 책상은 동료들의 것보다 깨끗했다. 항상 상사의 질문에 명확하게 대답했는데, 그 덕분에 더 많은 권한과 더 중요한 업무를 맡을 수 있었다.

간단히 말해, 이본은 직장 생활과 가정생활 모두 충실히 해냈다. 그녀는 양쪽 환경이 자신을 바꾸게 놔두지 않았다. 즉, 그녀가 환경을 바꾼 것이다.

집중력을 관리하기 전에 해야 할 일

라디오에서 가장 좋아하는 방송을 찾을 때 우리는 해당 방송을 쉽게 찾아 들을 수 있게 주파수를 미리 설정할 수 있다. 마찬가지로, 우리는 사람들이 꾸준히 집중력을 관리하고, 필요할 땐 바로 집중할 수 있게 도와줄 수 있다.

다음은 능숙하게 집중력을 관리하기 위해 실천해야 할 내용으로 16~19장에서 보다 자세하게 설명한다.

1. 필요 없는 말은 생략하라.
2. 마술사처럼 소통하라.
3. 소음이 차단된 공간을 만들어라.
4. 더 집중하고 덜 산만하게 하라.

주목! 한마디

우리의 친구, 가족, 동료는 넘쳐나는 소음에 둘러싸인 채 거기에 중독되고 있다. 그들을 소음에서 벗어나게 할 우리 같은 '집중력 관리자'가 필요하다. 어떻게 하면 집중력 관리자가 될 수 있을지 생각해보자.

• 16 •

필요 없는 말은 생략하라

우리가 항상 명확하고 간결하게 말할 수 있다면 어떨까? 간결한 의사소통의 가치는 황금에 버금갈 정도다. 간결한 글로 유명한 어떤 작가가 자신의 글쓰기 비결을 밝힌 적이 있다. 바로 사람들이 흘려들을 만한 말을 의도적으로 생략하는 것이었다.

현명하고 간결하게 소통하라. 그리고 필요 없는 말은 생략하라. 그랬을 때 우리 사회는 어떤 모습을 하고 있을지 한번 상상해보자.

- 명확하게 알 수 있는 목표와 안건으로 회의가 시작된다면 어떨까? 소중한 시간을 아끼고 생산성을 높일 수 있다.

- 기내 안전 방송이 위기 상황을 명확하게 표현해주면 어떨까? 승객들은 예기치 못한 비상 상황에 더 철저히 대비할 것이다.
- 이메일의 제목이 요점부터 말해준다면 어떨까? 메일을 열고 빠르게 내용을 파악한 후 어떻게 답장을 보내야 할지 확실하게 알 수 있다.

내가 들은 말을 종합하면, 좌절은 충족되지 못한 기대라고 간단히 정의할 수 있다. 의사소통에 관해서라면 주변 사람들은 우리에게 간결한 메시지를 기대한다. 길고 복잡한 메시지를 꼼꼼하게 살펴봐야 할 땐 짜증을 낼 수도 있다. 불필요하고 쓸데없는 정보가 난무하는 상황에서 계속 요점을 찾기 위해 신경을 곤두세워야 하기 때문이다.

사람들은 구명 밧줄과 같은 간결한 소통을 원한다. 이 밧줄을 주지 않으면 그들은 정보의 홍수에 빠지고 말 것이다.

아무도 알아듣지 못하는 말

우리는 전문 용어를 하도 많이 들어서 뇌가 이를 잡음으로 처리하는지조차 모르고 있다.

플랫폼의 레버리지(leverage) 효과를 전략적으로 활용하여 성장 확대. 기업의 영향력을 극대화할 턴키(turnkey) 솔루션. 지갑 점유율을 높이기 위한 크로스셀링(cross-selling) 전략 실시.

확실히 중요한 말처럼 들리지만, 실은 아무런 가치도 없다. 위와 같이 말하면 사람들이 내용을 이해하는 데 도움이 될까? 전문가들이나 임원들과 일할 때면 항상 전문 용어와 유행어가 난무한다. 사람들은 '업계 은어'를 사용해 자신의 말에 지식과 권위를 투영하려 한다. 자신이 일명 '인싸'임을 짧게 암시하려는 의도이기도 하다. 실은 자신의 말을 무시해도 좋다고 다른 사람들을 부추기고 있다는 사실조차 그들은 모른다.

무엇보다 이런 용어들은 청중이 원하는 것을 제대로 전달하지 못할 때가 많다. 청중이 원하는 것은 진짜 의미가 담긴 명확한 메시지다.

이처럼 아무런 의미도 없는 말을 떠들 때가 많다. 우리는 말을 하기 위해 말을 한다. 또한 본인 목소리를 듣는 걸 좋아한다. 그러나 영양분도 에너지도 없는 언어적 불량 식품처럼 금방 버려진다는 것을 알아야 한다. 중요해 보이는 말도 '어쩌고저쩌고'로 들릴 수 있다는 사실을 깨닫자.

《월스트리트 저널》은 신조어 생성기business buzzwords generator라는

서비스를 개시할 때 이 문제를 가볍게 여겼다. 기본적으로 이 서비스는 무작위로 단어를 선별해 문장을 만들어낸다. 이렇게 생성된 일부 문구는 실제 우리가 매일 사람들에게서 듣는 말과 무서울 정도로 비슷하다.

"우리는 수직적으로 시야를 좁혀야 합니다."

"우리의 주 종목을 전략적으로 임파워링해야 합니다."

"사일로(원래는 곡식을 저장해두는 원통형 창고를 말하지만, 경영학에서는 자기 이익만 좇는 조직 내 부서 이기주의를 뜻한다-옮긴이)라는 말 그대로 우리의 부가가치를 지켜야 합니다."

"우리는 수평적으로 기업 인큐베이터 역할을 확장해야 합니다."

위에서 언급된 문장 중 하나를 다음번 회의 때 말해보라. 아무도 이를 알아채지 못할 것이다. 그래서 우리가 전문 용어를 좋아하는지도 모른다. 즉, 아무도 문제 삼지 않을 이야기를 비교적 확실하게 말할 수 있기 때문이다. 하지만 진짜 위험은 청중이 우리가 하는 말을 무시하고 넘어간다는 데 있다. 우리 스스로 자신의 이야기를 차단하도록 사람들을 부추기는 셈이다.

간결하면서도 진심을 담는다

나는 애리조나주 피닉스에서 열린 영업 전략 콘퍼런스에 참석한 적이 있다. 그곳에서 브리프랩은 내부적으로 큰 변화를 겪고 있는 기업을 대상으로 훈련 프로그램을 진행 중이었다. 영업사원들에게 회사 이야기를 본인의 언어로 말해보라 했을 때 흥미로운 일이 벌어졌다. 자기 생각을 표현할 때 영업인들끼리만 사용하는 전문 용어들을 반복해서 쓰고 있었다.

우리는 워크숍 내내 사람들에게 과거에 일했던 기업과 현재 몸담은 기업, 앞으로 가고 싶은 기업 등과 같은 진짜 본인 이야기를 들려달라고 주문했다. 우리는 그들이 "요즘 회사에 별일 없죠?"와 같은 고객들의 간단한 질문에 간결하면서도 진심을 담아 대답하길 바랐다.

충분히 적응하고 나니 그들의 이야기는 점점 생생해졌고 제대로 된 형태를 갖추기 시작했다.

주의집중 시간은 줄어드는 반면 정보 소비는 증가하는 오늘날, 간결하게 말해야 사람들이 확실히 듣고 이해할 수 있다. 전문 용어를 사용하면 내 능력을 과시할 수 있다고 생각할지도 모르지만, 사실은 혼란만 가중시킨다. 갈수록 명확하고 간결한 말과 글을 찾아보기가 정말 힘들다.

의미 있는 대화를 위한 방법

다른 사람들과 우리 스스로가 《월스트리트 저널》의 단어 생성 프로그램처럼 '무의미한 맞춤 비즈니스 전문 용어'를 만들어내지 않으려면 어떻게 해야 할까? 나는 다음 두 가지 방법을 추천한다.

1. 알아차려라

전문 용어 남용은 나쁜 습관이다. 평소에 내가 어떤 단어를 쓰는지 관찰하라. 사용할 단어를 더 신중하게 고르도록 노력하라. 다른 사람들에게도 똑같이 권해보라. 자기 자신뿐만 아니라 주변 사람들도 불량 식품과 같은 문구들을 얼마나 많이 쓰고 있는지 알면 깜짝 놀랄 것이다. 그런 말들은 전부 없애라.

2. 간결하게 만들어라

이는 내가 강의에서 가르쳐주는 요령이다. 쓸데없이 복잡하게 말하게 될 때 "다시 말해"라는 말을 넣어 더 쉬운 말로 내용을 한 번 더 전달하라. 그렇게 하면 내용이 훨씬 더 간결하고 명확해진다. 그게 바로 원래 하려던 말이다.

단어가 그 가치를 잃으면 우리가 나누는 수많은 말은 공중으로 흩어져 결국 조직은 아무런 결정도 하지 못하게 된다. 소음만 많을 뿐 영향력은 거의 없는 셈이다. 이런 상황은 누구도 원치 않는다.

말이 길어질수록 메시지는 변질된다

혼란스러운 상황, 즉 정보만 잔뜩 전달하는 오류가 있는 상황에서 소통할 때는 위험이 뒤따른다. 전달하고자 하는 메시지가 정보의 홍수에 쉽게 빠지는 것이다. 간결한 소통을 연습하지 않으면 부모와 청소년 아이, 선생님과 학생, 팀장과 팀원, 의사와 환자 모두 소음만 더 많이 만들어낼 뿐이다.

그렇다면 사람들은 실제로 무엇을 들을까?

몇 년 전 인디애나대학교의 톰 크린Tom Crean 코치는 남자 농구팀을 맡아 시즌 빅 10이라는 타이틀을 따냈다. 경기가 끝난 후 카메라맨이 라커룸에서 행복에 겨워하는 감독의 표정을 포착했다. 선수들에 대한 그의 자부심은 강력한 힘과 영향력을 발휘했다. 그해 누구도 예상하지 못했던 리그 결승전 우승을 해냈기 때문이다.

선수들이 우승의 기쁨을 만끽하고 있을 때 크린 코치는 선수들을 한데 모아 마지막으로 축하의 한마디를 건넸다.

“너희들이 이 결과를 만들어냈다.” 그는 선수들에게 우승의 공을 돌렸다. 그런데 여기서 그치지 않고 오늘의 성취를 소중히 여기라는 요지의 각종 이야기를 2분이 넘도록 말했다. 얼마 지나지 않아 선수들이 흥미를 잃어가는 모습을 볼 수 있었다. 심지어 몇몇 선수는 코치에게 이야기를 마무리하라는 신호로 박수를 치기 시작했다.

하지만 소용없었다. 코치는 계속 말을 이어나갔고, 강력했던 첫마디는 두서없이 쏟아지는 이야기 속에 묻혀버리고 말았다. 선수들은 코치의 말을 거의 듣지도 않았다.

코치의 열정적인 연설이 선수들의 관심을 끌지 못한 이유는 무엇일까? 그는 간결하게 말하지 못했다. 파티를 시작하는 데 짧은 한두 마디면 충분했다. 하지만 그의 말은 선생님의 훈계 혹은 또 다른 격려 연설처럼 느껴졌다.

간결함을 강조한 윈스턴 처칠의 메모

1940년 영국의 총리 윈스턴 처칠은 독일의 공격에 맞서 영국을 방어하는 데 열중했다. 그가 성공적인 작전 계획을 수립하기 위해 하루에 얼마나 많은 회의, 토론, 대화를 거쳐야 했는지 겨우 짐작만 할 뿐이다.

어느 날 한계점에 도달한 처칠은 전시 내각 구성원들에게 한 페이지 분량의 메모를 남겼다. 그 메모의 제목은 한 단어였다. 바로 '간결함'이다.

처칠은 내각 구성원들에게 짧고 명확한 보고서를 요구하며 다음과 같이 썼다. "제대로 일을 해내려면 우리 모두 거대한 분량의 보고서를 읽어야 합니다. 거의 모든 보고서가 지나치게 분량이 많아 문제입니다. 이 때문에 요점을 파악하느라 에너지와 시간을 낭비하고 있습니다." 그는 이렇게 글을 마무리했다. "시간 절약의 효과는 엄청날 것이며, 요점을 명확하게 쓰는 훈련은 명확한 사고에도 분명 도움이 될 것입니다."

세월이 흐른 뒤에도 처칠의 메모는 많은 이들에게 생각할 거리를 제공하고 있다. 집중력 관리자로서 우리의 역할은 매우 중요하다. 우리는 사람들이 시간을 절약하고 가장 중요한 일에 집중할 수 있게 도와야 한다.

군살을 뺀 소통법

첫 책 『브리프』를 집필하기 시작했을 때 사람들이 책의 메시지에 바로 반응하는 모습을 보고 깜짝 놀랐다. 특히 타인과의 단절, 주의력 저하, 인내심 상실이 사회 문제가 되어가는 시대에 사람들은 이 책의 핵심 기술을 꼭 배우고 싶다고 말했다.

그러나 나는 대화를 통해 사람들이 군살을 뺀 소통법을 배우고 싶어 하나, 막상 배우려고는 하지 않는다는 사실을 알게 되었다. 모두가 일에 파묻혀서 바쁘게 지내는데, 주의를 사로잡는 기본 기술을 배울 시간이 어디 있겠는가. 하지만 사람들의 집중력이 무너져가고 있기에 간결한 소통법은 반드시 익혀야 하는 기술이다.

간결하게 소통하는 기술과 전략은 모든 수준의 학교와 직장 내 교육 커리큘럼에서 비중 있게 다뤄져야 한다. 에세이나 이메일 작성, 평상시 또는 공식적인 자리에서의 토론, 대입 시험 또는 회사 면접에서 간결한 소통 기술이 티핑포인트가 될 수 있다. 높은 성적, 판매 실적 상승, 승진, 인맥 확장, 일류 대학 합격 등 긍정적인 결과를 상상해보라.

나는 전역 후 로스쿨에 입학한 퇴역 군인 타마르에게서 이메일을 받은 적이 있다. 간결한 소통법을 가르쳐주어 고맙다는 내용이었다. "법 문서 작성 수업 과제로 처음 에세이를 썼을 때 정말 걱정됐어요. 내 글은 동료 학생들의 고상한 문체와 너무 동떨어졌거든요. 그런데 교수님에게서 간결하고 매끄러운 문체가 굉장히 인상 깊었다는 피드백을 받았어요. 특히 계약서와 관련해서 일반 대중도 쉽게 이해할 수 있는 간결한 글쓰기가 최근

실무 트렌드라고 덧붙이셨죠."

타마르처럼 목적이 분명하고 간결한 문장을 쓸 수 있는 '도구'를 늘리면 주변 사람들에게 긍정적인 영향을 끼치며 그들의 삶을 더 좋은 방향으로 이끌 수 있다. 이게 바로 집중력 관리자가 해야 하는 일이다.

제품을 판매하려는 영업 사원이든 학생들의 관심을 유도하려 애쓰는 교사든 계약서를 쓰는 변호사든 즐거운 대화를 나누고 있는 친구 사이든, 모두에겐 각자 해야 할 일이 있다. 정보를 편집하고 재배열하여 더 간결한 메시지를 전달함으로써 우리는 더 끈끈하고 좋은 관계를 맺을 수 있다.

간결한 소통의 3가지 원칙

효과적이고 간결하게 소통하고 집중력 관리자의 역할을 제대로 해내려면 일단 내가 전하려는 메시지를 이해하지 못하게 방해하고 상대의 주의력을 흐트러뜨리는 요인이 무엇인지 파악해야 한다.

여기에 도움이 될 만한 몇 가지 방법을 소개하고자 한다.

1. 헤드라인 설정하기

의미: 가장 중요한 아이디어를 제일 먼저 말하기.

피하고자 하는 것: 요점을 정확하게 드러내지 않거나 완전히 놓쳐버리는 상황.

효과: 사람들의 주의력을 즉시 확보할 수 있다.

2. 다듬기

의미: 사람들이 소화하지 못할 정도로 과한 정보는 생략하기.

피하고자 하는 것: 사람들이 지나친 세부 정보를 분석하게끔 만드는 상황.

효과: 메시지를 간결하게 만들며 사람들의 부담을 덜어준다.

3. 마인드맵 그리기

의미: 논리적으로 생각을 정리할 수 있는 시각적 개요 짜기.

피하고자 하는 것: 메시지가 두서없고 장황해지는 상황.

효과: 메시지의 흐름을 자연스럽고 논리적으로 만들어준다.

간결한 소통법은 오늘날과 같은 복잡한 세상에서 우리가 가져야 할 가장 중요한 기술 중 하나다. 브리프 전략은 훨씬 이해하기 쉽게 아이디어를 정리하고 구상할 수 있는 강력한 도구다.

정보를 전달·설명·갱신하거나 누군가를 설득할 때 간결한 소통은 큰 효과를 발휘한다.

1순위는 언제나 명확성

처칠이 작성한 메모의 결론처럼 명확한 소통은 성과를 가져온다. 온종일 소음이 가득한 환경에서 갑자기 명확한 신호를 들으면 하던 일을 멈추고 그 신호를 탐색하게 된다. 라디오 주파수를 맞추다가 노래가 울려 퍼지는 채널을 찾은 순간을 상상해보라. 그 노래는 확실히 기억에 남는다.

집중력 관리는 사람들의 부주의함(숨어 있는 600단어)을 관리하고 가장 중요한 문제에 집중하도록 돕는 일이다.

말을 아껴야 명확해진다. 아래 주어진 각 상황에서 간결한 소통이 얼마나 중요한지 한번 생각해보자. 간결함은 명확함으로 이어진다.

- 부모가 아이에게 벌을 받아야 하는 이유를 설명한다.
- 사업가가 투자자에게 비교적 건전한 재정 상태에 관해 설명한다.
- 약사가 약의 부작용을 설명한다.

- 장관이 부모를 잃은 가족들을 위로한다.
- 배우자가 부부관계를 삐걱거리게 만든 원인을 이야기한다.
- 낙하산 부대 지휘관이 낙하산이 제대로 펼쳐지지 않을 경우를 대비하여 비상 절차를 설명한다.

주목! 한마디

우리 모두 직장, 학교 혹은 집에서 불필요한 소음을 만들어낸 책임을 피할 수 없다. 따라서 사람들을 위해 군더더기를 잘라내고 간결하게 소통하는 건 당연하다. 자신의 메시지에서 불필요하고 불분명한 소음을 걷어내라. 그러면 사람들은 더욱 집중할 것이다.

· 17 ·

마술사처럼 소통하라

마술은 우리를 당황스럽게도 하고 즐겁게도 한다. 그리고 놀랍게도 '잘못된 것'에 집중하도록 유도한다. 우리가 집중력 관리자를 맡는다면 마술사와 비슷하게 행동해야 한다. 물론 방향은 정반대다. 사람들이 '옳은 것'에 집중하도록 유도해야 한다.

나는 오랫동안 사람들의 관심을 사로잡는 성공적인 의사소통법을 습득하고 가르쳐왔다. 그 기술에 대해 이런저런 생각을 하다가 문득 마술이 떠올랐다. 어떤 마술을 부릴지 생각한 다음 계획·연습·수정을 거쳐가며 며칠, 몇 주, 심지어 몇 달 동안 다듬은 끝에 완벽한 마술을 선보이는 기술 말이다.

우연히 팟캐스트 방송 「미국인의 삶This American Life」의 619번째

에피소드 '마술쇼The Magic Show'를 들었는데, 효과적으로 소통하는 사람은 마술사와 굉장히 유사하다는 아이디어를 얻었다. 진행자 아이라 글래스Ira Glass는 어릴 적부터 마술사로서 여러 기술을 배우며 좋은 추억을 쌓은 모양이었다. 그의 이야기를 들으니 마술과 주의를 사로잡는 의사소통 기술이 너무나도 비슷해 소름이 돋을 정도였다.

"마술을 배우러 왔다고 하니 마술사들은 저를 무대 뒤에 있는 신기한 탁자로 데려가 앉혔습니다. 그러곤 일대일로 기술을 가르쳐줬습니다." 글래스가 회상했다. "제 기억에 마술사들은 친절했고, 어떻게 손을 꺾고 몸을 트는지, 극적 효과를 위해서는 언제 동작을 멈춰야 하는지 등 유용한 팁들도 알려줬어요. 마술사들이 저를 진지하게 대해주고 자신들의 비밀을 아낌없이 알려주니 기분이 날아갈 것 같았죠."

동전 마술, 카드 마술, 자유의 여신상이 사라지는 마술이건 그 본질은 집중력을 완벽하게 관리하는 능력이다.

이러한 관점에서 마술과 의사소통에 어떤 공통점이 있는지 자세히 살펴보자. 집중력 관리의 달인으로 만들어주는 효과적인 의사소통 비결은 무엇일까?

교묘한 속임수에 가려진 뇌과학의 원리

심리학자들과 신경과학자들은 마술사가 사람들의 인식을 어떻게 조작하는지에 관한 놀라운 연구 및 분석 결과를 내놓고 있다. 수사나 마르티네스-콘데Susana Martinez-Conde는 스티븐 매크닉Stephen Macknik과 함께 집필한 베스트셀러 『왜 뇌는 착각에 빠질까』에서 이렇게 말했다. “마술사들은 우리의 의식과 인지 능력을 자유자재로 다룬다. 그들은 사람들의 주의력을 아주 능숙하게 통제한다.”

그녀를 비롯한 전문가들이 밝혀낸 사실은 마술이 우리가 언제 어디에 집중해야 하는지를 효과적으로 통제한다는 것이다. 마술사의 실력은 우리 뇌가 매 순간 어떤 원리로 움직이는지 정확하게 파악할 수 있는가에 좌우된다.

예를 들어, 마술사가 손으로 아치를 그릴 때 우리 뇌는 처음부터 끝까지 그 움직임을 따라간다. 마술사가 손으로 직선을 그리면 뇌는 마술사의 손이 A 지점에서 B 지점으로 움직일 거라 예상하고 곧장 B 지점으로 갔다가 부리나케 A 지점으로 돌아간다. 관중의 시선이 계속 아치를 그리며 움직이게 하는 것이 중요하다. 그래야 뭔가 다른 일이 일어나고 있음을 관객이 눈치채지 못한다.

마술사는 뇌의 시선을 다른 곳으로 돌려 거기에 집중하도록 속이는 방식으로 주의력을 분산시키고 관중을 속인다. 게다가 마술사는 우리의 청력과 이야기를 좋아하는 타고난 본성을 이용해 '숨어 있는 600단어'의 많은 부분을 통제한다. 마술사가 우리에게 이야기를 들려주는 동안, 그 속의 몇몇 단어는 방금 수상한 소리를 들은 보안 요원 두 명처럼 우리 내면의 목소리가 서로를 향해 떠들도록 부추긴다. 보안 요원들이 수상한 소리를 탐색하는 동안 도둑들이 들이닥친다. 이 모든 과정은 우발적이 아니라 의도적으로 이루어진다.

우리 내면의 생각과 뇌의 성향에 대한 이해가 바로 마술의 핵심이다. 모든 마술은 철저한 계획과 끝없는 수정을 통해 완성된 결과이며, 관심과 재미를 보이는 관중뿐 아니라 신경과학자들에게도 그 효과를 인정받은 셈이다.

마법 같은 의사소통 기술 13가지

유명한 마술 듀오 펜앤텔러Penn and Teller의 마술사 레이먼드 텔러Raymond Teller가 이런 말을 한 적이 있다. "당신이 어떤 훌륭한 마술을 진정으로 이해하고자 한다면, 곧장 그 속에 담긴 심리학적 원리의 핵심을 파악해라. 그 마술이 시시하기는커녕 더 대단하게 느껴질 것이다."

이제 사람들의 주의를 붙잡아둘 수 있는 나만의 '비법'을 소개하고자 한다.

1. 이름 부르기

원리: 특정 한 사람을 개인적으로 끌어들여 주의력을 높인다.

머릿속으로 그려보기: 개학 첫날 학생들로 가득 찬 강의실에 앉아 있는데 선생님이 무작위로 출석을 부른다. (어떻게 선생님이 학생들의 이름을 알고 있지? 만약 내 이름이 불리면 어떡하지?)

연습하기: 이야기의 초반과 후반에 각각 특정 사람의 이름을 언급하라. 너무 가까이에 붙어 있는 사람들은 부르지 마라. 사람들의 시선이 어떻게 움직이고 이름을 부를 때 그들이 얼마나 집중하는지 살펴보라.

2. 적절하게 당근과 채찍 사용하기

원리: 극단적인 두 가지 사례 제시하기.

머릿속으로 그려보기: '나쁜 소식과 몇 가지 좋은 소식'이라는 제목으로 이메일을 받았다. (이 메일을 꼭 확인해야겠군.)

연습하기: 10대 아이들이나 친구 혹은 동료와 이야기하며 오늘 하루가 어땠는지 물어보는 상황이다. 정형화된 질문을 던지는 대신 "오늘 가장 좋았던 일과 나빴던 일은 뭐야?"라고

말해보라. 그러면 상대방이 말을 하다 멈추고 천천히 생각한 다음 더 자세하게 대답하는 모습을 볼 수 있다.

3. 항목화하기

원리: 적당량의 정돈된 정보 나타내기.

머릿속으로 그려보기: 다음 문장으로 시작하는 농담을 듣는다. "남자 세 명이 바에 들어가 각자 기네스 맥주 1파인트씩 주문하는데……." (이 이야기는 어떻게 끝날까? 끝까지 집중해야겠어.)

연습하기: 이메일을 쓸 때 말하려는 내용이 몇 개인지 확인한 후 우선 제목에 이를 명시한다(예: 안전성을 개선할 네 가지 방법). 그러고 나서 짧은 문장과 네 가지 항목을 만든 후 간단한 실천 방법을 적는 것으로 마무리한다. 답장이 얼마나 빨리 오는지 직접 확인해보라.

4. 스토리텔링 하기

원리: 이야기를 좋아하는 우리의 본성에 호소하기.

머릿속으로 그려보기: 새로 부임한 직장 상사가 처음으로 직원회의를 소집해 본인이 저지른 가장 큰 실수와 이를 어떻게 수습했는지 간단히 이야기한다. (벌써 이분이 좋아지는데. 진실한 사람인 것 같아. 많이 배워야겠어.)

연습하기: 면접에서 미리 준비한 간단한 이야기를 곁들여 질문에 대답하라(예: "자기소개를 짧게 해보세요"라는 질문을 받으면 이렇게 말해보라. "저는 회복 탄력성이 좋고 목표 지향적인 사람입니다. 이에 관련된 짧은 일화를 말씀드리겠습니다."). 면접관들이 얼마나 이야기에 집중하는지 그리고 이야기가 어떻게 다음 질문으로 이어지는지 관찰해보라.

5. 그림으로 보여주기

원리: 시각 자료로 유인하기.

머릿속으로 그려보기: 부모들은 자녀가 저녁 식사 자리에서만큼은 핸드폰과 떨어져 있기를 원한다. 그래서 멍하니 핸드폰을 바라보고 있는 우스꽝스러운 모습을 한 10대 아이들 사진과 그들의 태도를 비꼬는 글이 적힌 밈(meme, 온라인에서 공유되는 재미난 말이 적힌 그림이나 사진-옮긴이)을 찾는다. 그리고 냉장고 앞에 붙여둔다. (이 사진의 아이들처럼 스마트폰에 중독된 좀비처럼 되고 싶지 않아. 부모님 말씀을 듣는 게 좋겠어.)

연습하기: 발표할 때 슬라이드마다 커다란 이미지를 집어넣고 그 위에 간단한 제목을 붙여라. 천 마디 말보다 한 장의 그림이 더 효과가 뛰어나기 때문에 사람들은 발표에 더 집중하게 되고 훨씬 수월하게 그들의 주의력을 통제할 수 있다.

6. 중간에 쉬어가기

원리: 사람들에게 필요한 만큼의 휴식 시간 제공하기.

머릿속으로 그려보기: 중요한 기획 회의에 참석 중인데 갑자기 진행자가 머리도 식힐 겸 10분 정도 쉬자고 한다. (이 사람 마음에 드네. 회의가 어렵고 지루해졌다는 걸 알고 있다니. 쉬는 시간이 정말 필요했는데 잘됐다.)

연습하기: 과열되고 격렬한 논쟁이 이어지면 분위기도 식히고 머리도 비울 겸 잠시 쉬는 시간을 갖자고 요청하라. 이후 다시 논의를 재개하면 날 선 분위기는 사라지고 사람들이 다시 핵심 안건에 집중하는 모습을 볼 수 있다.

7. 급하게 화제 전환하기

원리: 예기치 못한 상황에서 갑자기 대화의 방향 바꾸기.

머릿속으로 그려보기: 두 사람이 대화 중인데 한 명만 계속 이야기하고 있다. 대화가 어디로 흘러가는지 전혀 알 수 없다. 집중력 관리자가 다른 한 사람이 완전히 목소리를 잃은 상황을 발견하곤 재빨리 다음과 같이 말하며 끼어든다. “이건 완전 다른 이야기인데…….” 그렇게 대화의 방향을 다른 곳으로 이끈다. (이 대화에 꼼짝없이 갇히는 줄 알았네. 낭떠러지로 떨어지기 전에 운전대를 잡아줄 누군가가 필요했어.)

연습하기: 회의가 산으로 가고 있다면 끼어들어 이렇게 한마디 던져라. "아무래도 우리가 여기 모인 원래 이유로 돌아가 회의의 목적을 다시 논의해봐야 할 것 같습니다." 그 순간 시간만 낭비하던 토끼굴 탐험이 끝나고 다시 빛을 보게 된다.

8. 은유적 표현 활용하기

원리: **숨은 연결고리 찾기로 뇌를 즐겁게 하기.**

머릿속으로 그려보기: 어머니가 딸에게 학교 운동부 주장으로서 좀 더 적극적으로 행동하는 법에 대해 다음과 같이 조언하고 있다. "딸아, 호랑이를 잡으려면 호랑이 굴에 들어가야 하는 상황도 생기는 법이란다." (우리 엄마는 가끔 이상한 말을 한단 말이지. 축구부 이야기에 갑자기 호랑이가 왜 나오는 거지?)

연습하기: 말로 설명하기 복잡한 것을 설명해야 할 때 '~ 같은' 혹은 '~처럼'을 사용해 비유할 수 있는 말을 찾아보라. (예: '내 업무는 이를 뽑는 것처럼 굉장히 힘들어', '프로젝트 매니저로 일하다 보면 말 안 듣는 사춘기 아이들을 통제해야 하는 선생님이 된 것 같은 기분이 들어', '글쓰기는 골프처럼 나를 시험에 들게 해' 등.)

9. 헤드라인 쓰기

원리: 결론을 맨 앞에 두기

머릿속으로 그려보기: 퇴근 후 배우자에게 "오늘 하루 어땠어?" 라고 묻는다. 상대가 "별일 없었어"라고 말하는 대신, 빠르고 분명하게 다음과 같이 대답한다. "우리 차에 또 다른 자아가 생겼나 봐!" (차에 무슨 일이 생겼는지, 갑자기 왜 이상하게 작동하는지 알고 싶군.)

연습하기: 앞으로 회의를 소집할 때 회의에서 다룰 핵심 내용을 여덟 자가 넘지 않는 헤드라인으로 써보라. 각 단어는 신중하게 골라야 한다. 헤드라인이 회의의 방향을 잡아주고 내용을 명확하게 해준다.

10. 두운(頭韻) 활용하기

원리: 예측 가능한 소리로 듣기 좋게 말하기.

머릿속으로 그려보기: 친한 친구에게 새로 사귄 여자친구가 어떤지 묻자 친구가 비꼬듯 말한다. "She loves to laugh and learn(그녀는 웃고 배우는 걸 좋아해)." (얘가 웃긴 범생이랑 사귈 줄은 꿈에도 몰랐네.)

연습하기: SNS에 글을 쓰며 어떤 단어를 선택해야 할지 고민일 때 머릿속으로 떠오르는 표현을 한번 정리한 다음 모두 똑같은 자음으로 시작하는 소리를 골라라. 정말 간단하지 않은가?

11. 질문, 건의 사항, 의견 물어보기

원리: 사람들을 대화에 참여시키기.

머릿속으로 그려보기: 누군가의 발표를 듣고 있는데, 언제나 그렇듯 발표자가 혼자서만 떠든다. 그런데 갑자기 "저 혼자만 말하지 않겠습니다. 질문이나 건의 사항 혹은 기타 의견을 적으실 수 있는 시간을 드리겠습니다"라고 말한다. (그녀의 이야기가 많은 도움이 되었다고 말하고 싶었는데 말할 시간이 주어지다니 정말 다행이야.)

연습하기: 앞으로 발표가 끝나면 참석자들에게 조용히 질문이나 건의 사항 혹은 의견을 적을 수 있는 시간을 줘라. (주의: 바로 그 자리에서 말하게 하지 마라. 먼저 생각할 시간을 주는 게 좋다.)

이 방법을 활용하면 사람들은 적극적으로 발표에 참여하고 의견을 말할 것이다.

12. 박수 치기

원리: 진짜로 소리를 내 반응 유도하기.

머릿속으로 그려보기: 친구 몇 명이 모여 깜짝 생일 파티를 준비 중이다. 깜짝 파티를 들키지 않으려고 주최자는 마지막으로 확인해야 할 것들에 친구들이 제대로 집중해주길 원한다. 주최자가 갑자기 풍선을 터트리자 그제야 주위가 조용해진다.

(이야기하느라 정신없었는데, 풍선 소리 덕에 수다가 멈췄군. 이제 불끄기 전에 한 번 더 제대로 살펴봐야지.)

연습하기: 누군가와 대화 중 상대방의 주의가 급격히 산만해지는 것을 느낀다면 독특한 소리(예: 박수, 손가락 튕기기, 휘파람, 쨍그랑 소리, 쿵쾅거리는 소리, 귓속말 등)를 내 상대방의 주의를 환기하고 다시 관심을 끌어오라.

13. 기억 떠올리기

원리: 사람들의 이야기를 제대로 기억하고 있음을 보여주기.

머릿속으로 그려보기: 영업 사원이 상품 구매 고객에게 한 달 뒤 확인 전화를 건다. 통화 중 그는 고객에게 다음과 같이 말한다. "고객님, 지난번에 조카가 생겼다고 하셨는데 고모가 된 기분이 어떠세요?" (조카가 생겨서 너무 기뻐. 그런데 이 사람은 내 이야기를 자세히 기억하네. 진심으로 내 일에 신경 써주는구나. 일반 고객과는 다른 대우를 받는 기분인걸.)

연습하기: 사람들이 했던 말 중 중요한 내용이나 세부사항을 메모해둔 다음 나중에 대화할 때 자연스럽고 정확하게 그때 이야기를 꺼내보라. 사람들 대다수는 흘려듣는 부분까지 자세하게 기억해준 데 대해 고마워할 것이다.

위에서 언급한 기술과 방법은 모두 간단해 보여도 주변 사람들의 집중력을 높이는 데 큰 도움을 줄 수 있다. 그러나 어쩌다 한 번 실천한다면 큰 효과를 기대하기 어렵다. 마술사가 그렇듯이, 숙달되기까지는 시간과 연습이 필요하다. 하지만 한 번 몸에 익으면 집중력 관리의 달인이라는 눈부신 성장을 이룰 수 있다.

주목! 한마디

마술사들은 원하는 순간에 사람들의 관심을 끌어당기는 데 선수인 사람들이다. 우리도 효과적인 의사소통 비법을 활용해 집중력 관리의 달인이 될 수 있다.

• 18 •

소음이 차단된 공간 만들기

소음은 우리 주위에 만연해 있다. 사무실뿐만 아니라 집, 자동차, 교실, 머릿속까지 파고든다. 끝없이 무의미한 메시지가 쏟아지고 엉터리 정보가 넘쳐흐르는 세상에서 자신을 지키려면 과감한 조치가 필요하다. 즉, 생활하고 배우고 일하는 기본적인 공간부터 바꿔나가야 한다. 우리는 소음에 저항할 수 있는 공간을 설계해야 한다.

원치 않는 소음의 접근을 제한하고 차단하는 경계선은 그리 호락호락하게 세워지지 않을 것이다. 하지만 생활 공간이 집중력 향상 및 충분한 휴식, 진실한 관계를 향한 우리의 욕구를 충족시킬 수 있게 해야 한다.

- 사무실이나 집에 들어갈 때 마주치는 화면은 몇 개인가?
- 회의실에서 자기 책상으로 돌아갈 때 어디에서 걸음을 멈추게 되는가?
- 접속 가능한 디지털 기기 없이 교실에 들어가도 수업을 듣는 데 아무 지장이 없는가?

누가 위 공간들을 재구성할 것인가?

건축이나 디자인 업계는 스마트카부터 스마트교실, 스마트홈까지 상시 접속 가능한 세계를 표방하며 대세를 따르는 듯하다. 누가 이 흐름을 거스를 수 있겠는가?

스마트폰의 부작용 해결을 위해 설립된 단체인 인간기술센터Center for Humane Technology는 양심과 신념을 토대로 사회에 경종을 울리며 적극적으로 나서고 있다.

미래의 우리는 현재를 인간적인 디자인을 추구해나가는 전환기라고 회상할 것이다. 즉, 주의력을 빼앗고 사회를 무너뜨리는 기술에서 우리 마음을 보호하고 사회를 회복시키는 기술로 나아가는 시대인 것이다.

개방형 사무실에서 소통이 줄어드는 이유

개인용 사무실이 거의 없거나 아예 없는 건물에서 일해봤다면 처음에는 개방형 사무실 공간이 매력적이고 창조적이며 협력적으로 보일 것이다. 하지만 현실은 이러한 환경이 사람을 산만하게 만든다. 이 공간들은 외향적인 사람들이 모두가 대화에 참여하고 서로 협력할 수밖에 없게끔 디자인한 것처럼 느껴진다. 하지만 집중하기 위해 끊임없이 자신과 싸워야 하는 공간이 되고 말았다.

지난 몇 년간, 나는 시카고의 웨스트 루프West Loop 지역에 있는 사무실을 임대해 썼다. 이곳은 천장이 높은 로프트 건물에 수없이 많은 사무실이 들어서 있는 트렌디한 동네다. 모든 공간이 탁 트여 있었으며, 회사 내 몇 개 없는 통유리 사무실은 어항처럼 보이기도 했다.

내 사무실은 양면이 유리로 되어 있어 항상 감시당하는 기분이 들었다. 멋있게 보이긴 했지만, 조용히 집중이 필요한 업무에는 도움이 되지 않았다. 사무실 분위기가 과도하게 협력적인 나머지 우리는 서로의 업무를 끊임없이 방해했다. 방해를 피하거나 조용히 집중할 수 있는 공간은 어디에도 없었다. 사방이 뻥 뚫려 있었으니까.

연구에 따르면 이러한 사무 환경이 잡지에선 멋져 보여도 일하기엔 괴롭고 비생산적이라며 우려하는 전문가들이 늘고 있다. 물론 더 많은 사람을 더 작은 공간에 욱여넣고선 협업을 장려하는 조치라고 우길 수 있다. 하지만 이로 인해 업무 방해가 늘어나고 주의력이 떨어지며 사생활을 침해당한다면? 게다가 개방형 사무실에는 실질적으로 조용히 집중할 수 있는 공간뿐 아니라 개인적인 통화나 대화할 수 있는 공간도 없는 경우가 대부분이다.

• FOCUS •

개방된 공간 VS 폐쇄된 공간

최근 고등학교가 변신을 꾀하고 있다. 구체적으로는 도서관의 형태와 느낌이 옛날처럼 적막만 흐르는 공간이 아닌 분위기 좋은 카페처럼 바뀌고 있다.
일리노이주 네이퍼빌 통합 학군에서 학습공간 책임자(learning commons director)를 맡고 있는 마크 스카(Mark Skarr)는 공간 디자인을 바꾸면서 유익한 경험을 했다고 말했다.
"기존 서가부터 학습공간까지 다 바꿨어요. 학생들이 디지털 기기를 사용할 수 있고 그것보다 더 중요한 창의력, 협력, 소통 능력도 키울 수 있는 공간이 필요했죠. 마침 카페가 역사적으로 어떻게 기발한 아이디어를 불러일으키는 장소가 됐는지 알려주는 괜찮은 테드 강의(TED Talk)가 있어 듣게 됐어요."
학교는 서둘러 계획에 착수했다. 그들은 기존 공간을 새롭게 디자인하고, 학생들과 선생님들을 모아 함께 여러 방면에서 유기적으로 작업할 수 있는 중심 공간을 만들기 시작했다. 새로운 공간의 좌석은 다양하게 배치하여 공간을 훨씬 더 매력적으로 만들었다. 집중해서 공부하고 더 깊은 논의를 나눌 수 있도록 유리 벽으로 된 스터디룸이 만들어졌다. 그리고 더 많은 인원의 그룹이 함께 공부할 수 있도록 교실 크기와 비슷한 공간도 새로 생겼다.
"이로써 생산적인 백색소음을 듣게 되었죠." 스카가 말했다. "현재 각기 다른 9개의 프로젝트가 진행 중입니다. 백색소음은 프로젝트가 문제없이 잘 진행되고 있다는 뜻이지요."
그는 디자인의 변화로 기존 문제가 해결되긴 했으나 새로운 문제가 나타났다고 인정했다. 산만하지 않은 조용한 공간에 대한 필요성이 새롭게 제기된 것이다. 스카는 학교 당국이 한 발 더 나아가 조용한 열람실을 추가로 만들어야 한다고 생각했다.
지금은 조용히 집중할 수 있는 공간도 생겼다.
"크고 개방된 공간과 더불어 작고 조용한 공간을 만들어달라는 목소리도 있었어요." 스카가 덧붙인다. "학생들이 '집중해서 공부할 수 있는 공간은 없나요?'라고 묻기 시작했고, 그래서 조용한 열람실도 만들었죠. 생산적인 피드백을 적극적으로 받아들인 덕분에 학생들에게 의미 있는 환경을 조성해줄 수 있었어요."
다른 성격의 두 공간을 모두 이용할 수 있으며 항상 양쪽에 대한 수요가 있다는 것은 매우 바람직한 현상이다.
탁 트인 공간은 협력할 기회를 만들어주는 동시에 산만함을 유발할 수 있다. 따라서 사람들에게 조용한 공간과 협력할 수 있는 공간에 대한 선택권을 주는 것이 현명하다.

한 연구에 따르면 개방형 사무실에는 한 가지 모순이 있는데, 바로 근무자들 사이에 면대면 대화가 줄고 이메일이나 메신저와 같은 디지털 소통이 더 크게 늘었다는 것이다. 환경이 집중력에 직접적인 영향을 끼친다는 사실이 많은 연구 결과에서 증명되고 있다. 실제로 직장인들은 소음 증가와 늘어나는 사생활

침해를 주요 불만 사항으로 꼽았다.

런던대학교 심리상담연구소에 따르면, 이메일이나 문자메시지, 전화 업무를 계속 처리하다 보면 IQ가 10점이나 떨어진다. 이는 하룻밤을 꼬박 새웠을 때 받는 충격과 같다.

정답은 균형을 되찾고 사람들에게 선택의 기회를 제공하는 데 있다. 협업과 집중, 두 가지 모두 더 나은 사무 공간을 계획하는 데 동등하게 필요한 요소다. 탁 트인 공간과 함께 조용하게 집중할 수 있는 시간과 공간도 필요하다.

소통이 원활한 사무 공간 설계하기

사무 환경은 디지털 기술과 정보를 어디서나 이용할 수 있게 만들자는 비전을 수용해왔다. 어떤 회사에 들어가든 화면의 바다를 헤치며 걷는 기분을 느낄 수 있다. 회의실과 로비뿐 아니라 탕비실, 연구실, 복도, 사무실, 휴게실, 엘리베이터까지 화면이 없는 곳이 없다. 게다가 시간이 지나면서 평면 화면 가격이 상대적으로 감소한 탓에 화면은 곳곳에 자리 잡아 흔하게 볼 수 있는 물건이 되었다.

직장 내 사회와 문화를 연구하는 벤 레너Ben Renner의 조사 결과에 따르면, 직장인은 하루에 평균 6시간 이상을 컴퓨터 화면 앞에서 보낸다. 게다가 전문가들은 머지않아 한 사람당 6개가 넘는 인터넷 접속 기기를 사용하게 될 것으로 예측한다. 현재 한 사람당 사용하는 인터넷 접속 기기는 3.64대다.

여기서 그치지 않고, 모바일 기기와 노트북 컴퓨터가 서로 결합하고 있다.

한 고객의 사무실에서 사람들이 모두 노트북을 들고 회의실을 왔다 갔다 하는 모습을 본 적이 있다. 워크숍이 시작되자 사람들은 자리에 앉아 일제히 노트북을 열고 키보드를 두드리기 시작했다. 사람들이 하던 업무를 마무리하거나 이메일을 확인하는 게 아니라 필기를 하는 것으로 생각한 내가 너무 순진했다.

그렇다면 어떻게 해야 사무실 환경을 새롭게 바꿀 수 있을까? 직장에 균형을 되찾아줄 현명하고 과감한 방법은 무엇일까?

여기서 몇 가지 아이디어를 소개하고자 한다.

- **회의 시 노트북 사용 금지하기** 대화의 질을 개선하고 원활하게 의견을 주고받을 수 있도록 노트북은 (충전기와 더불어 메모장과 펜이 여러 개 있는) 회의실 밖 카트에 두고 오자.
- **핸드폰은 문 앞에 보관하기** 군 기밀 시설의 경우 건물 내부로 스마트폰 반입이 금지돼 있어 자물쇠가 달린 상자에 스마트폰을 넣어 보관하게 한다. 주의를 산만하게 만드는 요인을

줄이려면 충전기가 있는 작은 보관함을 설치해 핸드폰과 각종 기기를 회의실과 사무실로 반입하지 못하게 하라.

- **조용한 공간 만들기** 공항 라운지와 도서관처럼 정숙해야 하는 공간을 따로 만들어라. 이는 사람들에게 반성과 고민, 집중할 수 있는 전용 공간이 될 것이다.
- **화면을 화이트보드로 대체하기** 화면을 제거하고 한쪽 벽면을 아이디어 페인트(이 페인트를 칠한 벽에는 펜으로 글을 썼다 지울 수 있다-옮긴이)로 칠하면 대화, 협력, 창의력을 촉진할 수 있다.
- **와이파이 '불통' 지역 만들기** 혁신적인 공간 설계의 한 예로, 하버드 대학원생은 인터넷 접속을 아예 차단해 조용히 집중할 수 있는 공간을 만들자고 제안했다. 이러한 공간이 사무실에 점점 많아진다고 생각해보라.

사무 공간을 새롭게 바꾸거나 보호하려고 조금만 노력해도 날마다 직장에서 마주하는 소음을 대부분 없앨 수 있다. 이 같은 변화는 집중력 관리자가 책임지고 신중하게 일을 진행할 때 시작된다.

각 방의 목적에 맞게 인테리어하기

가정의 모습은 오늘날의 사무 환경을 그대로 거울에 비춘 듯하다.

내가 어렸을 때는 텔레비전이 폭발적으로 보급되던 시대였다. VCR이 등장하기 전이었으며, 가구당 TV는 많아야 두 대였고 주로 거실에서 사용했다.

우리 집은 TV를 멋진 미닫이문이 달린 나무 벽장에 숨겨놓았다. TV를 보려면 문을 위로 밀어 벽장을 열어야 했으며 다 본 후에는 다시 닫아야 했다. 가구의 디자인뿐 아니라 아이들이 TV를 덜 보게끔 만드는 방법 또한 기발했다. 마음대로 TV를 켤 수 있는 게 아니라 부모님의 허락을 받아야만 벽장 문을 열 수 있었다.

이제 와 생각해보니, 부모님은 거실을 깔끔하게 유지하려 하셨을 뿐 아니라(커다랗고 까만 TV를 거실 한가운데에 놓는 건 디자인을 고려한 배치라 보기 어렵다) 기본적인 몇 가지 기준도 동시에 정하셨단 점에 주목할 필요가 있다. 물론, 침실을 포함해 그 밖에 집 안 어느 곳에도 TV를 두지 않으셨다. 그런데 지금 세상은 얼마나 바뀌었는가!

우리는 집 안의 특정 공간을 디지털 기기, 특히 화면 제한 구역으로 지정할 필요가 있다. 우리가 집에서 잠자고 대화하고 가장 많이 소통하는 공간에서는 화면과 디지털 기기를 금지해야 한다. 공부하는 공간도 마찬가지다.

우리는 기본적이면서 소음을 차단할 수 있는 공간의 경계를 확실히 정해둬야 한다.

비커밍미니멀리스트의 조슈아 베커Joshua Becker는 "부엌은 요리, 식당은 식사, 서재는 공부 등과 같이 방마다 목적이 있어야 한다. 각 방의 목적이 확실할수록 생산성이 높아진다"라고 말한다.

이제 집 안에 근본적이고 기능적인 변화를 가져올 몇 가지 아이디어를 소개하겠다.

- **모니터 대신 예술 작품 배치하기** 집 안 곳곳에 모니터가 있다면 사진이나 예술 작품으로 바꾸는 걸 고려해보라. 가족사진이나 아름다운 풍경이 그려진 그림을 보면 훨씬 마음이 차분해지고 덜 산만해진다.
- **서재 만들기** 여유 공간이 있다면 편한 의자와 멋진 책장을 배치해 조용히 사색하고 책을 읽을 수 있는 전용 공간을 만들어라. 집에 독서 전용 공간이 있다는 건 멋진 일이며 휴식과 독서가 가까운 친구라는 사실을 일깨워준다.
- **디지털 기기 보관함 만들기** 대부분 핸드폰, 태블릿 PC, 노트북

을 포함해 여러 개의 충전 케이블들이 집 안에 돌아다닐 것이다. 디지털 기기를 숨겨줄 뿐 아니라 자는 동안 충전도 할 수 있는 전용 상자나 선반, 보관함을 찾아보라.

- 한 가지 목적을 가진 공간 만들기 시간 날 때 각 방의 용도를 하나씩 규정해보라. (예: 부엌은 요리하는 공간이므로 냉장고에 화면 설치하지 않기. 침실은 잠자는 공간이므로 TV, 노트북, 핸드폰 금지하기.)

실리콘밸리의 어느 학교

실리콘밸리에 있는 발도르프 학교는 교육 환경에 대한 독특한 비전을 갖고 있다. 이 학교는 거의 모든 디지털 기기를 금지한다. 사실, 재학생의 약 45퍼센트가 IT 기업에 다니는 부모의 아이들이다. 학교에서는 태블릿 PC, 모니터, 스마트폰을 전혀 찾아볼 수 없으며, 얼굴을 맞댄 전통 교육 방식만 존재한다. 그들은 디지털 기술의 중독성을 잘 알고 있어서 자신의 아이들을 기기로부터 보호하고 싶어 하는 것이다.

사회의 다른 한쪽에서는 교실부터 식당까지 모든 곳에 디지털 기술을 도입하라고 학교를 압박한다. 정보통신 기술로 인해 개인별 맞춤 교육 서비스 증가, 최신 자료에 대한 접근성 향상,

학생-부모-교사 간 협력 증대와 같은 다양한 부분에서 긍정적인 기여가 있지만 학생들이 연필, 종이, 칠판을 버리고 스마트보드와 노트북을 더 많이 선택하는 등의 심각한 부작용 역시 존재한다.

디지털 기술을 교실에 적용할 때 어떤 부작용이 발생할까?

- 교실에서 주의가 산만해짐.
- 학생 간 고립.
- 교사와 학생 간 소통 단절.
- 학습과 비판적 사고 영역에서 디지털 기기 의존성 심화.

특히 기술을 수용하는 것이 현대화와 시대의 흐름에 뒤떨어지지 않는다는 분위기에서는 대세를 거스르는 목소리를 내기가 어렵다. 교사들이 대세를 거스르고 학생들에게 직접 하는 과학 실험과 협업 프로젝트, 오프라인으로 제출하는 작문 숙제를 더 많이 내주려 한다면 과연 무슨 일이 벌어질까?

디지털 기술에 지나치게 의존하는 경향과 학생들의 사회·정서적 건강에 미치는 잠재적 위협 및 면대면 소통이 가져다주는 장점에 대한 신념 사이에서 어떻게 균형을 맞출 수 있을까? 우리는 어떻게 해야 청소년기 전체를 스마트폰과 함께 보내는 첫 번째 세대인 학생들이 디지털 기기를 현명하게 사용할 수 있게 도울 수 있을까?

여기서는 학교에 근본적이고 기능적인 변화를 가져올 몇 가지 아이디어를 소개하겠다.

- **학습 환경 새롭게 조성하기** 수업 시간에는 노트북을 보관함에 넣어두거나 디지털 기기를 치우도록 하며, 학습 도구로 기기가 필요할 때를 제외하고는 수업 시간 내내 혹은 시간 때우기용으로 학생들이 기기에 접속하지 못하게 하라.
- **서로 협력하는 학습공간과 조용히 공부하는 학습공간 둘 다 제공하기** 교실과 학교에 작은 인원이 모여 토론할 수 있는 공간뿐 아니라 조용히 생각할 수 있는 공간을 만들어라. 교사들은 수업을 구성할 때 '기다리는 시간'과 '생각하는 시간'을 계획하고 이를 적용해야 한다. 그래야 학생들은 답을 찾기 위해 곧장 인터넷에 접속하지 않고 스스로 혹은 짝꿍과 함께 상상력과 사고력을 발휘하여 문제를 해결한다.
- **기기에 의존하지 않는 활동이나 수업 활성화하기** 서로 얼굴을 맞대고 토론하고 의견을 나눌 수 있는 프로젝트를 고안하라. 조별로 구성원들이 어떤 역할을 할 수 있을지에 관한 토론을 장려하고 학생들이 알아서 대화하길 바라는 대신 토론을

원활하게 이끌어나가는 방법을 명확히 알려주는 게 좋다.

교감할 수 있는 병원 환경 조성하기

각 기관이 신중하게 생활, 학습, 업무 환경을 설계하고 개선한 덕분에 일부 변화는 이미 자리를 잡아 가고 있다.

인간은 본능적으로 안전하고 편안한 환경을 찾는다. 미네소타대학교에 따르면, 의료 시설의 경우 어떤 환경적 요소가 환자 관리와 더불어 예후에 영향을 미치는지를 밝혀 비약적으로 변화해왔다.

안전하고 편안한 공간을 계획할 때 의료 시설들은 주로 다음 다섯 가지를 고려하고 평가한다.

1. 정원이나 창밖 풍경을 통해 환자들이 자연과 더 많이 교감할 수 있게 한다.
2. 병실의 조명, 음악, 기온 등을 조정할 수 있도록 해 환자의 선택권을 늘린다.
3. 편하게 쉴 수 있는 라운지와 방문객이 묵을 수 있는 방을 제공하는 등 병원 차원의 지원을 강화한다.
4. 병원 소음과 불편 사항을 제거하여 환경적 스트레스 요인

을 줄인다.

5. 미술 작품, 수족관, 난로와 같이 기분 전환에 도움이 되는 요소들을 배치한다.

이처럼 현재 병원 환경을 새롭게 조성하려는 움직임은 다른 병원들도 환자 관리와 치료에 더 도움이 되는 환경으로 바꾸도록 장려하는 자극이 될 수 있다.

우리는 주변 사람들이 중요한 문제에 집중할 수 있게 도와주는 리더이므로 직장이건 집이건 학교건 모두에게 더 평온하고 인간적인 공간이 되려면 변화가 절실히 필요하다는 점을 기억해야 한다.

주목! 한마디

우리가 일하고 생활하는 공간을 새롭게 바꾸고 보호할 수 있는 작은 실천들이 모인다면 매일 직장이나 집에서 마주하는 소음의 상당 부분을 제거할 수 있다. 또한 경계를 명확하게 설정하여 삶에서 원치 않는 소음의 접근을 제한하고 차단한다.

• 19 •

더 집중하고 덜 산만하게

오래전 EDS라는 기술 기업에 관한 재미있는 TV 광고가 하나 있었다. 정보통신 기술 컨설팅을 '고양이 몰이(herding cats, 영어의 관용 표현으로 고양이 몰이처럼 매우 어렵고 불가능에 가까운 일을 뜻한다-옮긴이)'에 비유한 내용이었다. 광고 속 실제 카우보이들은 고양이 몰이의 '고충'에 대해 이야기했다.

"고양이 몰이. 쉬운 일이라고 함부로 말해선 안 됩니다." 한 카우보이가 말한다. 그 옆에 카우보이도 거든다. "소를 모는 일이야 누구나 할 수 있습니다. 그런데 반은 야생동물이나 다름없는 짧은 털의 고양이 1만 마리를 모는 것은 차원이 다른 일입니다." "고양이 몰이는 제가 해본 일 중 가장 힘든 일입니다." 또 다른 카우보이가 털어놓는다.

이 우스꽝스러운 광고가 머릿속에 즉시 각인된 이유는 사람들의 공감을 불러일으켰기 때문이다. 우리는 광고를 보면서 인간은 얼마든지 고양이처럼 미친 행동을 할 수 있으며 누군가는 앞장서서 우리를 한곳으로 몰아야 한다는 것을 인정할 수밖에 없었다.

촉진은 집중력 관리자에게 가장 중요한 의무 중 하나다. 이 기술은 겉으로 잘 드러나지 않으며 제대로 해도 아무 효과가 없는 것처럼 보인다. 사람들의 협업 능력과 집중력, 탐색 및 토론 역량을 높일 수 있게 도와주는 것은 실로 어려운 일이다.

이런 일은 간단하게 보이도록 만들기도 어렵다.

리더가 촉진자와 집중력 관리자의 역할을 실천할 수 있는 삶의 영역은 무수하고 다양하다. 하지만 아무래도 직장, 학교, 집 등 세 곳이 가장 먼저 떠오를 것이다. 인생의 어느 시점에 이르면 우리는 이 세 곳 중 한 곳 혹은 모든 곳에서 집중력 관리자의 역할을 맡는다. 물론 사람들이 꾸준히 집중할 수 있게 도와주는 도전은 각 장소에서 개별적으로 펼쳐진다.

회의 취소로 얻을 수 있는 기쁨

기본적으로 회의는 힘들다. 회의가 너무 길어지건, 중구난방이건, 날 선 토론이 계속되건 상관없이 선택할 수만 있다면 사람들은 대부분 회의 참석을 피하려 할 것이다. 예정된 회의가 갑자기 취소됐다는 소식을 들을 때 어떤 기분이 드는가? 그 즉시 기쁨이나 안도감을 느낄 것이다.

왜 그럴까?

확실한 목적과 명확한 의제를 바탕으로 제대로 된 논의를 이어가는 회의가 거의 없기 때문이다. 대부분 회의가 고통스럽고 비생산적이다.

평균적으로 기업인들은 1주일에 23시간을 회의에 쓴다. 다음은 이러한 회의가 얼마나 무의미한 일인지 간단히 보여준다.

- 전체 회의 시간의 3분의 1은 불필요하다고 볼 수 있다.
- 92퍼센트의 사람들이 회의 중 딴짓을 한다고 말한다.
- 부장들은 하루의 절반을 회의실에서 보낸다.
- 이사들은 전체 회의의 67퍼센트 이상이 불필요하다고 생각한다.
- 매년 370억 달러가 넘는 돈이 비생산적인 회의에 쓰인다.

확실히 눈에 띄게 개선될 여지는 있다. 우리는 생산적이면서 사람들이 참석하고 싶어 하는 회의를 진행해야 한다.

디지털 기기를 도구로 활용하는 수업 방식

오늘날 학생들이 맞닥뜨리는 소음의 양은 어마어마하다. 인터넷 연결 기기의 사용으로 학생들은 수업을 들을지, 노트북을 볼지, 새 문자메시지가 오면 몰래 핸드폰을 꺼내 볼지 계속 선택해야 한다.

디지털 기기뿐만 아니라 수업 준비 부족, 잡담, 교실 환경 그 자체에 이르기까지 집중을 방해하는 유혹은 셀 수 없다. 이러한 유혹을 차치하더라도, 학습 목표가 명확한 수업을 설계하는 데 관심이 없거나 혹은 준비가 부족한 교사들도 많다.

교외에 있는 한 대형 고등학교의 교감 선생님인 조르지는 교사들을 평가하는 업무를 맡고 있었다. 그는 특히 학교 발전 목표인 디지털 기기를 활용한 수업 설계에 관심이 많았다. 교육 당국에서 전교생에게 노트북 컴퓨터를 제공했으므로 교사들이 교실에서 이를 활용하길 바랐다.

가장 먼저 조르지는 경험 많은 교사 브라이언이 미국의 건국사를 아주 자세히 가르치는 수업을 참관했다. 브라이언은 학생들에게 미국 헌법 제정에 관한 다섯 가지 사실을 조사하라고 시켰다. 그는 학생들에게 자료 조사 시간으로 30분을 주었고 조사가 끝나면 각자 찾은 자료를 공유할 것이라고 말했다.

많은 학생이 '헌법 제정에 관련된 다섯 가지 사실'을 빠르게 검색했다. 그러고 나서 나머지 25분을 어떤 선수가 미국대학스포츠협회NCAA 농구 토너먼트 16강전을 뛰는지 찾아보거나 졸업 파티에서 입을 최신 드레스 스타일을 살펴보거나 비디오 게임을 하며 보냈다.

조르지는 계획과 방향성, 협력 혹은 소통이 모두 부족한 수업을 보고 어안이 벙벙했다. 브라이언이 디지털 기기를 활용한 수업을 한 건 맞다. 하지만 학생들은 이미 있는 정보를 그대로 찾기만 했을 뿐 의미 있는 활동을 하진 않았다.

다음 날, 조르지는 엘레나의 수업을 참관했다. 그녀는 학생들에게 랭스턴 휴스(Langston Hughes, 미국을 대표하는 흑인 작가-옮긴이)의 짧은 시를 낭독하게 하고, 빠르게 돌아가면서 학생들의 흑인 인권 운동 지식을 평가하는 질문을 던졌다. 학생들의 대답을 전체적으로 다시 한 번 훑은 다음, 엘레나는 디지털 기기를 사용하는 이유를 명확하게 밝히며 작은 모둠을 이뤄 흑인 인권 운동과 관련된 정보를 함께 조사하는 과제를 내줬다. 학생들은 관련 정보 6개를 찾아야 했으며, 글은 자제하고 그림 자료를 주로 이용해 파워포인트 슬라이드를 만든 후 모둠원 전체가 앞으로 나와 만든 자료를 활용하여 해당 내용을 짧게 발표해야 했다.

조르지는 학생들이 목적의식을 가지고 적극적으로 조사 활동에 참여한 점에 주목했다. 브라이언과 엘레나 모두 수업에 디지털 기기를 '활용'했지만, 엘레나는 집중력 관리자로서 명확한 지침을 내렸으며 학생들이 디지털 기기는 수업의 목적이 아니라 도구라는 점을 이해하도록 도와주었다.

교실은 집중할 수 있는 환경을 조성하는 데 꼭 필요한 자산이다.

모두가 참여하는 가족회의 만들기

부모 역할은 갈수록 하기 어렵고 부모가 해야 할 일은 점점 더 많아지는 것 같다. 물론 부모는 아이에게 항상 사랑과 애정, 관심을 쏟아야 한다. 일하고, 쇼핑하고, 병원 가고, 생일 파티를 열고, 학교 숙제를 봐주고, 운동하고, 생활비를 계산하고, 청소하고, 그 밖에도 수많은 일을 하며 하루하루를 보낸다.

위 목록에 가족회의를 하나 추가해보자. 처음엔 이상한 말처럼 들릴 수 있다. 하지만 식사할 때라도 좋으니 가족들을 한데 모아 매주 함께 무엇을 하며 보낼지 계획하거나 그날 하루 무슨 일이 있었는지 이야기한다. 그것이 곧 가족회의를 촉진하는 일이 된다.

내 친구 마르시오는 자신과 가족들이 어떻게 합심하여 집을 팔고 해외로 이주할 수 있었는지 이야기해주었다.

> 혼란스러운 일상이 계속되자 우리 가족은 집에서 거의 대화를 할 수 없었다. 주의를 산만하게 하는 요소들이 너무 많았다. 우리에겐 합의된 계획이 없다는 사실이 꽤 명확해졌다. 아내와 아이들은 몇 달 안에 집을 팔고 모든 짐을 프랑스까지 배로 옮기는 데 필요한 준비 과정에서 한 번도 의견이 일치한 적이 없었다. 나는 아내와 아이들을 지역 도서관으로 데려가 가족회의를 열었다. 내겐 명확한 의제가 있었고 우리는 이주 계획에 대해 자유롭게 이야기를 나눴다. 가족회의는 성공적이었다.

위와 같이 가족회의를 계획하고 실천하는 기술은 저녁 식사 자리에서 디지털 기기 없이 대화를 나눌 때 그 힘을 발휘한다. 우선으로 처리해야 할 일과 선택해야 할 사항이 너무 많다 보니 가족들은 여러 가지 일에 치이거나 더 심하게 고립된다.

단합이 잘되고 더 화목한 가정을 꾸리고 싶은 부모들은 가족 구성원이 잘 어우러질 수 있는 환경부터 만들어야 한다.

• FOCUS •

회의를 역동적으로 만드는 기술

성공적인 회의 진행은 티에라 밥 코바(Tierah Bob Chorba)의 주요 업무일 뿐 아니라 열정이기도 하다. 전문 퍼실리테이터(facilitator)인 그녀를 처음 만났을 때 나는 차분하고 자신 있게 사람들을 업무에 집중시키는 티에라의 기술을 보고 깜짝 놀랐다.

티에라는 그 일을 쉽게 하는 것처럼 보였지만, 나는 그렇게 하는 게 얼마나 힘든지 잘 알고 있었다.

티에라의 목소리는 신경을 자극하지 않았다. 그녀는 공격적이거나 강압적으로 말하지 않고 사람들이 편하게 대화하도록 분위기를 조성하는 일에만 몰두했다. 꼭 회의실 역학에서 박사학위라도 받은 것 같았다. 티에라는 성공적인 회의가 아주 드문 반면 많은 회의가 옆길로 새는 이유를 정확하게 알고 있었다.

"실속 있는 회의는 철저한 계획에 따라 이루어집니다. 하지만 이런 경우는 매우 드물거나 우연처럼 보이죠." 그녀가 조심스럽게 말한다. "제가 개선하려 하는 문제 중 하나가 바로 회의의 목적, 즉 회의를 통해 무엇을 이루고자 하는지를 명확하게 정리하지 않고 넘어가는 바람에 사람들이 시간과 에너지를 낭비하고 있다는 것이에요. 회의 안건은 거의 매번 모호한 말로 표현되죠."

정말 놀랍게도 티에라는 회의 참석자들에게 마음껏 반박 의견을 내라며 과감하게 밀어붙인다. 또한, 회의 시작 전 권리장전을 작성해보라고 제안한다. 권리장전에는 달성 가능한 명확한 목표, 회의에 참석해야 하는 이유, 균형 잡힌 토론, 현실성 있는 회의 시간, 미리 프린트해서 배포한 안건 등 몇 가지 필수 조항들이 포함되면 좋다.

"우리는 보통 회의를 시간 낭비에다 비생산적인 일이라고 생각합니다. 따라서 사람들이 현 상황에 맞서 회의 주최자에게 생산적으로 일할 권리를 침해하지 말고 지켜달라고 요구하게 해야죠."

회의는 너무나도 고통스러운 소음의 근원이므로 티에라의 접근법은 주목할 가치가 있으며, 우리도 회의로 인해 직장에서 매일 겪는 고통에 저항할 필요가 있다.

집중하도록 돕기 전에 공감하기

우리 삶의 다양한 환경에서 촉진자 역할을 더 효과적으로 수행하려면 기억해야 할 몇 가지가 있다. 사람들이 쉽게 집중할 방법을 찾는 것이 핵심이다. 우리가 해야 할 일은 어려울 수밖에 없는 일을 쉬워 보이게 만드는 것이다.

아래는 그동안 내가 각기 다른 상황에서 촉진자 역할을 맡으며 깨달은 것들이다.

1. 긍정적으로 생각하기 시작부터 자세를 제대로 잡는 게 중요하다. 사람들은 적극적이고 긍정적이며 희망적인 모습을 볼 때 덩달아 따라 한다.
2. 목표 설정하기 대화의 주제를 선정하든지 몇 가지 목표를 세우든지 미리 충분한 시간을 갖고 준비하라. 목표를 확정 짓기 전에 우선 크게 읽어보라.
3. 최적의 환경 조성하기 일하고 배우고 함께 생활하는 공간은 중요하다. 주의를 방해하는 요소와 잡동사니를 전부 제거해 공간을 정리하면 구성원들의 응집력을 높일 수 있다.
4. 모든 구성원의 참여 확보하기 3명이건 30명이건 모두가 참여해야 한다. 누구는 적극적이고 누구는 수동적이면 균형이 깨진다.

5. 좋은 질문하기 사람들을 이야기하게 만들려면 특히 상대가 내향적인 사람일수록 미리 앞서서 좋은 질문을 구상해야 한다. 이야기를 계속 끌어내는 유도 질문 목록을 반드시 만들어 놔야 한다.

6. 시간 관리하기 나에게 남은 시간이 얼마나 되는지 인지하고 시간을 현명하게 써라. 사람들의 주의집중 시간은 자연스럽게 줄어든다. 조금 일찍 끝나는 것을 싫어할 사람은 없다.

촉진 기술 개발에는 시간과 노력에 더해 공감이 가장 중요하고 또 필요하다. 우리는 불필요한 회의에 볼모로 잡힌 사람들이 지고 있는 무거운 짐에 공감하며, 학생들이 얼마나 쉽게 주의를 빼앗기고 거의 아무것도 배워가지 못하는지 잘 알고 있다. 게다가 우린 가족관계가 더 단단해지고 서로 덜 고립되기를 바란다.

촉진은 단순히 사람들이 집중하도록 돕는 것 그 이상이다. 우리는 사람들이 고된 삶을 조금이라도 더 편하게 살길 바란다.

주목! 한마디

우선으로 처리해야 할 일과 선택해야 할 사항이 너무 많다 보니 직장인, 학생, 가족 모두가 여러 가지 일에 치이며 서로 고립되고 있다.
촉진 기술을 발전시키는 일은 시간과 노력이 필요하다. 하지만 주변 사람들의 집중력과 성취감을 높이는 데 도움이 되려면 반드시 해야 하는 일이다.

NOISE

·PART 5·

소음을 제거하는 작은 습관

· 20 ·

집중력을 높이는
나만의 습관 만들기

제일 좋아하는 라디오 방송 채널에 주파수가 자동으로 맞춰지도록 설정하듯이 혹은 재생목록에 담긴 음악이 자동으로 나오도록 설정하듯이 가장 중요한 문제에 집중하고 불필요한 소음을 차단하는 습관을 들여야 한다. 이 같은 습관은 무의미한 소음을 찾아다니지 못하도록 도와줄 것이다.

여기서 제시하는 습관을 통해 의식 관리 기술과 집중력 관리 기술을 개발할 수 있다. 다음 몇 가지 방법들을 틈틈이 실천하며 소음 제거 능력을 키워보자.

습관 1 끊임없이 '아니'라고 말하기

- 전제: 누구도 산만해지거나 방해받거나 궤도에서 벗어나는 걸 원치 않는다. 그러나 인생의 우여곡절처럼 이런 일은 예상치 못한 순간에 일어난다. 궤도에 머무르려면 지금 당장 준비해야 한다.
- 실천: 출퇴근할 때 한 가지 생각에 집중하라. 운전을 하건, 비행기 탑승을 기다리건, 식료품점에서 줄을 서건, 핸드폰을 포함해 시선을 사로잡거나 완전히 주의를 빼앗길 것 같은 물건은 무엇이든 피해라. 이는 길가의 사고를 보느라 천천히 운전하지 않고, 메시지 알림을 보지 않거나, 계산대에 전략적으로 배치된 사탕이나 잡지의 미끼가 되지 않겠다는 뜻이다. 한 가지 생각에 집중하라.
- 효과: 예상치 못한 소음에 아니라고 말하고 한 가지 일에 집중하는 힘을 기를 수 있다.

습관 2 헤드라인 만들기

- 전제: 회의나 발표, 중요한 대화를 할 때 시작한 지 얼마 지나지 않아 사람들의 관심을 잃기 일쑤다. 우리는 천천히 점진적으로가 아니라 단번에 확실히 사람들의 주의를 사로잡아야 한다.

- 실천: 중요한 정보를 사람들과 공유해야겠다는 생각이 들 때 잠시 시간을 내 미리 헤드라인을 쓰자. 여덟 단어 혹은 그 이하로 문장을 구성하되, 흥미를 불러일으키고 말하고자 하는 바를 정확히 가리키는 문장이어야 한다. 예를 들어 누군가 당신에게 지난 주말을 어떻게 보냈는지 물을 것 같으면 그 뻔한 질문을 받아칠 짧은 헤드라인을 미리 생각해둬라(예: "주말 잘 보냈어요?" "사흘간 누워만 있었어요." 또는 "아주 주말다운 주말을 보냈죠."). 주변 사람들이 회의나 이메일에서 혹은 새로운 정보를 알려줄 때 이 방법을 쓰지 않는다면 빨리 헤드라인을 생각해내라고 말하라. 1, 2분밖에 안 걸리는 일이지만 사람들의 주의를 사로잡고 놓치지 않게 도와줄 것이다.
- 효과: 사람들이 이야기에 집중하지 못할 때 이야기를 경청하게 만들 수 있다.

습관 3 잡동사니 정리하기

- 전제: 고립공포감은 극복하기 어려운 감정이다. 충동적으로 쓸모없는 모든 정보를 소비하지 않으려면 우리는 과감하게 바뀌어야 한다.
- 실천: 주위에 필요 없거나 그다지 사용하지 않는 물건들을

한번 찾아보라. 신발 한 켤레가 될 수도 있고 펜, 헤드폰, 양초일 수도 있다. 어떤 물건인지가 중요한 게 아니라 거의 필요하지 않은 물건인지 혹은 있는지도 몰랐던 물건인지가 중요하다. 당장 그런 물건을 찾아 없애라. 버리든지 다른 이에게 주든지 하라. 망설이면 안 된다. 지금 당장 행동으로 옮겨라.

- 효과: 필요 없는 물건을 정리하면 평온함을 되찾을 수 있다. 거의 혹은 전혀 중요하지 않은 물건 또는 정보에 집착하지 않는 행동의 힘을 깨달을 수 있다.

습관 4 내 일에만 집중하기

- 전제: 호기심이 고양이를 죽인다. 우리는 우리 일도 아니고 앞으로도 전혀 그럴 가능성이 없는 일을 생각하느라 주의력을 너무나도 많이 낭비한다.
- 실천: 다음에 사람들과 함께 있을 때 마음으로 얼마나 빨리 그들을 평가하고 판단하며 결론을 내리는지 느껴보라. 사람들의 옷차림이나 말투 혹은 일상에 관해서일 수도 있고, 그들이 어디에 사는지, 무엇을 믿는지 혹은 어느 학교에 다녔는지에 관한 이야기일 수도 있다. 이 중 어느 하나라도 내 삶에 직접적으로 영향을 미치는 것이 있는지 곰곰이 생각

해보라. 타인에 대한 쓸데없는 평가는 그만 집어치우자.

- 효과: 무의미한 생각과 의견을 흘려보내 정말 중요한 문제에 다시 집중할 수 있게 해준다.

습관 5 회의할 때 확실하게 의견 밝히기

- 전제: 사람들은 백이면 백 회의가 엄청난 시간 낭비에 매번 비생산적이라고 불평한다. 그러면서도 과감히 나서서 회의를 더 효율적으로 바꿔보려는 사람은 아무도 없다.
- 실천: 충분히 시간을 들여 무엇을 논의하고 결정할지 나타내는 공식적인 회의 안건을 준비해 사람들과 공유하라. 회의하는 이유(혹은 회의를 하지 않으면 발생하는 위험), 즉 회의의 핵심 목표를 설정하라. 그리고 사람들에게 어떻게 회의를 준비해야 하는지, 회의에 누가 참석해야 하며 왜 참석해야 하는지를 설명하라. 그리고 구체적인 안건을 제시하고 각 안건에 대해 논의할 시간을 할당하라. 마지막으로 미리 안건을 공유했다면 계획을 밀어붙여라.
- 효과: 주도권을 되찾아주고 효율적이고 효과적으로 협업하는 방식에 대한 새로운 기준을 세울 수 있다.

습관 6 타이머로 시간 재기

- 전제: 시계가 멈추면 게임도 끝난다. 시간이 부족하면 더 열심히 해 이기려고 한다. 시간 제한 덕분에 게임에 더 집중하게 된다.
- 실천: 단순한 모래시계나 기본 사양의 스톱워치를 준비하라. 단, 핸드폰 시계는 안 된다. 시간이 다 됐을 때 거슬리는 소리를 내는 물건이면 괜찮다. 우선 15분에 맞춰두고 그동안 감사 편지 쓰기, 방 청소하기, 이메일 확인하기, 전화하기 혹은 가만히 앉아 있기 등과 같은 일을 하나 처리하기로 기본 목표를 세운다. 시험 볼 때처럼 알람이 울리는 바로 그 순간에 동작을 멈춰라.
- 효과: 옆에 타이머를 두면 더욱더 의식이 또렷해지고 몰입도도 증가해 하루를 훨씬 의미 있게 관리할 수 있다.

습관 7 '7시부터 7시까지' 규칙 지키기

- 전제: 우리는 온종일 그리고 밤에도 핸드폰 또는 전자 기기를 계속 확인한다. 사용 경계를 설정하면 디지털 기기는 매일 가장 먼저 혹은 마지막까지 사용하는 물건이 되지 않을 것이다.
- 실천: 집에서건 여행지에서건 어디에서 잠드는지 생각해보

라. 모든 디지털 기기를 잠자리에서 멀리 떨어진 곳(아마도 다른 방이 될 것이다)에 둬야 침대에 누워 있는 동안 만지지 못한다. 사용하려면 침대에서 일어나 걸어야 한다. 알람이 필요하면 싸고 작은 알람 시계를 하나 사자. 전화벨 소리를 들어야 한다면 멀리서도 잘 들릴 수 있게 설정해두면 된다. 잠에서 깨도 아침 7시가 되기 전까지는 핸드폰을 보지 말아라. 저녁 7시 이후에도 마찬가지다.

- 효과: 일일 사용 한도를 설정해 수면을 방해하는 디지털 기기로부터 나 자신을 보호하고 편히 쉴 수 있다.

습관 8 가벼운 산책하기

- 전제: 간단한 운동은 뇌를 재충전하고 일상의 소음을 차단하는 방법이 된다.
- 실천: 매일은 아니더라도 일주일에 서너 번은 짬을 내어 산책하라. 운동이라 여기지 말고 모든 잡음에서 벗어나는 기회라고 생각하라. 단 산책하면서 음악을 듣거나 핸드폰을 보지는 않는다. 그냥 걸으면서 아무것도 생각하지 말고 머릿속에 생각이 자유롭게 떠다니도록 하라. 걷는 동안 상념에 잠기기보단 더 많이 귀를 열고 똑바로 앞을 응시하라. 특히 무언가를 하려고 하지 말아라.

- 효과: 머리를 비우고 집중력을 회복할 수 있는 소중한 시간을 얻을 수 있다.

습관 9 긍정적으로 생각하기

- 전제: 집중하기 어려울 때도 있다. 그럴 땐 우리의 집중력을 끌어낼 동기가 필요하다.
- 실천: 공부, 글쓰기, 경청과 같이 특히 더 힘든 일을 할 때는 상황에 조금 더 적극적으로 뛰어들어 내가 이 일에 순도 높은 주의력을 기울이는 이유를 생각해보라. 물론 그 시간에 할 수 있는 많은 다른 일(잠깐 쉬거나 알람을 확인하거나 넋 놓고 가만히 있거나)에 아니라고 말한다. 내가 지금 하는 일이 무엇인지, 더 큰 이익을 위한 잠깐의 희생이 얼마나 가치 있는지 생각해보는 것이 중요하다.
- 효과: 주의를 기울이기가 특히 힘들 때 집중하는 이유에 구체적이고 의미 있는 목적을 부여해준다.

습관 10 가방 버리기

- 전제: 다양한 크기의 가방을 들고 다니지만, 그 안에 담긴 물건은 대부분 필요 없다. 우리는 물건에 쉽게 애착을 느낀다.
- 실천: 한 번만이라도 배낭, 핸드백, 책가방, 서류 가방을 챙

기지 말아보자. 가방 없이 학교나 직장에 가라. 가방이 없으면 무슨 일이 일어날 것 같아 걱정된다면 가방 속 물건을 전부 꺼내 자세히 살펴보라. 오늘 절대 없어서는 안 될 물건이 무엇인가? 그것만 가지고 가라.

- 효과: 정말 필요 없는 물건에 자신이 얼마나 집착하고 있는지 깨달을 수 있다.

습관 11 기기 사용 시간 제한하기

- 전제: 우리 주변의 전자 기기와 화면은 끊임없이 우리의 관심을 얻으려 경쟁한다. 우리는 디지털 기기와 떨어져 있는 시간이 필요하다.
- 실천: 회의나 식사, 운동이나 운전 중이건 상관없이 자기 자신과 가족, 동료에게 쉴 틈을 줘라. 디지털 기기를 아예 사용하지 말아라. 음악이나 팟캐스트도 금물이다. 해외여행이나 결혼식과 같은 특별한 경우가 아니라 일상생활에 해당하는 내용이다. 연결되지 않는 시간을 구체적으로 정해 주위 사람들에게 알리고 이를 철저하게 지켜라.
- 효과: 우리가 얼마나 아무 생각 없이 충동적으로 디지털 기기를 사용하는지 깨닫게 한다. 휴식이 얼마나 큰 해방감을 가져다주는지 그리고 진정한 휴식을 취하기가 얼마나 어려

운지 느낄 수 있다.

습관 12 소소한 감정 느끼기

- 전제: 의식하지 않으면 우리는 하루의 작지만 소중한 부분을 놓칠 수 있다. 어쩌면 평생 놓칠지도 모른다.
- 실천: 매일 아무렇지도 않게 하는 사소한 행동 서너 가지를 찾아보라. 따뜻한 물로 샤워하기, 물 한 컵 마시기, 안락의자에 앉기가 될 수도 있다. 이러한 일을 할 때 어떤 감정을 느끼는지 살펴보라. 의식을 깨워 감정을 들여다보라. 30초 동안 어깨 위로 흐르는 따뜻한 물을 느껴보자. 물을 마시며 차가운 물의 감촉을 맛보자. 아침에 혹은 하루를 마치고서 소파에 기대앉아 아늑함을 느껴보자. 그리고 그 기분에 흠뻑 취해보자.
- 효과: 훨씬 더 의미 있고 가치 있는 일이 될지도 모르는 하루의 소소한 시간에 집중하면 감사한 마음이 생긴다.

습관 13 보드게임 하기

- 전제: 긴장을 푸는 데는 모노폴리, 젠가, 솔리테어(혼자서 하는 카드 게임-옮긴이) 같은 고전 게임만 한 게 없다. 게임은 소음의 폭격에서 우리 뇌를 회복시키는 중요한 역할을 한다.

- 실천: 일에 중압감을 느끼거나 무리했다는 생각이 들 때가 바로 잠시 물러나 게임을 해야 하는 순간이다. 가족이나 친구들과 해도 좋고 혼자 해도 좋다. 기기가 필요 없는 간단한 게임으로 골라라. 카드 게임이나 다양한 보드게임은 재미 보장은 물론이고 사람들이 핸드폰에 빠져 시간을 낭비하지 않게 해준다. 한가할 때 어떻게 시간을 보냈는지(여행지에서 혹은 저녁 식사 후, 주말, 쉬는 시간 등), 보드게임을 하며 얼마나 즐겁게 시간을 보낼 수 있을지 생각해보라.
- 효과: 긴장도 풀고 추억의 재미를 느끼며 틈틈이 즐겁게 시간을 보낼 수 있다.

습관 14 감사하는 마음 갖기

- 전제: 우리는 쉽게 산만해질 뿐 아니라 불평하는 데 에너지를 다 써버린다. 감사하는 태도는 가장 중요한 일에 집중하는 한 방법이다.
- 실천: 하루 중 언제 불평하는 마음이 들기 시작하는지 적어보라. 식당에서 대기할 때, 집에서 인내심이 바닥을 칠 때, 회의실에서 다른 사람들에게 실망할 때 그런 마음이 들 수 있다. 불평은 우리를 산만하게 만들 뿐 아니라 엄청나게 에너지를 빨아들인다. 언제 어떻게 내 마음이 지독한 말을 내

뱉는지 살피고 부정적 에너지를 긍정적 생각으로 바꿔라. 맛있는 밥을 먹고, 건강한 아이들이 있고, 안정적인 직업이 있다는 사실에 감사하자. 찡그린 얼굴을 활짝 펴자!

- 효과: 일단 잠깐이라도 시간을 내 감사한 일에 대해 찬찬히 생각하고 나면 근심, 걱정, 불평이 사라지기 시작한다는 사실을 깨달을 수 있다.

습관 15 적극적으로 경청하기

- 전제: 사람들은 매일 서로에게 "새로운 소식 있어?" 혹은 "오늘 하루 어땠어?"라고 묻고 난 후 상대방이 대답하자마자 그 말을 흘려듣는다. 적극적 경청은 완전히 사라졌다.
- 실천: 이다음에 누군가에게 무슨 일을 맡았는지, 어떤 하루를 보냈는지, 별일 없는지 물을 때 상대방의 말을 적극적으로 경청하겠다고 다짐하라. 대화에 도움이 되는 질문을 하고 상대방의 말에 관심을 가져라. 그럴 기분이 아닐 때도 일부러 그렇게 행동해 관심을 유지하라. 동조하고 평가하고 바로잡기 위해서가 아니라 이해하기 위해 상대의 말을 들어라. 머릿속 소음이 대화를 방해한다는 사실을 깨달아라. 그 순간 자기 자신에게 '현재에 충실한 듣기'를 선물하라.
- 효과: 이와 같은 순간들이 중요한 인맥이나 인간관계의 질에

어떤 영향을 미치는지 확인해보라.

습관 16 방해금지 표지판 활용하기

- 전제: 하지 말라고 언질을 주지 않는 이상 사람들은 마음만 먹으면 우리를 방해할 수 있다. 언제 끼어들어도 괜찮은지 알 수 있도록 사람들에게 기본적인 신호를 보내자.
- 실천: 지금 집중하고 있다고 명확하게 알려주는 작은 표지판을 만들어라(헤드폰을 장만해도 좋다). 처음엔 '방해금지' 경고 표지판이 너무 과하게 보일 수 있지만, 지금 집중해야 하므로 방해하지 않았으면 좋겠다는 의사를 사람들에게 확실히 전달해준다. 그리고 우리의 시간과 주의력을 아껴줄 뿐만 아니라 다른 사람들이 우리의 집중력은 소중하며 방해는 바람직하지 않다는 사실을 알 수 있도록 명확한 기준을 제시한다.
- 효과: 사람들이 따를 수 있고 집중하는 시간과 협업 사이의 균형을 잡아줄 간단한 규칙을 만들어준다.

습관 17 회의 전 1분만 투자하기

- 전제: 사람들은 본인이 얼마나 회의를 싫어하는지 투덜거리기를 좋아한다. 회의가 엄청나게 시간을 잡아먹기 때문이

다. 하지만 목소리를 높여 불합리한 회의를 막으려는 사람은 아무도 없다.

- 실천: 회의 주최자건 참석자건 관계없이 변화를 요구해야 한다. 이는 공식 안건을 정해 사전에 잘 알리는 과정이 꼭 필요하다는 뜻이다. 공식 안건 설정을 업무상 필수 절차로 만들어놓으면 모든 사람의 소중한 시간을 낭비하는 비공식적인 합의에 확실하게 연루되지 않을 수 있다. 장章 없이 책을 쓸 수 없고 연기 없이 연극을 할 수 없다. 그런데 수없이 무의미한 회의들은 즉흥 코미디와 같다.
- 효과: 목표, 역할, 기대치가 분명하고 단순한 의제를 설정함으로써 모두를 올바른 방향으로 이끌어준다.

습관 18 좋은 친구만 곁에 두기

- 전제: 문자메시지, SNS, 이메일, 팟캐스트, 화상 회의 시스템 등 어떤 형태의 디지털 기술도 가까운 동료의 목소리나 친구의 따뜻한 온기를 대체할 수 없다.
- 실천: 가장 친하고 가장 자주 연락하는 친구는 누구인가? 이는 나를 포함한 사람들 대부분이 대답하기 어려워하는 질문이다. 한번 곰곰이 생각해보라. 그런 친구들을 파악해 자주 연락하라. 친구 목록이 짧을 수도 있다. 하지만 친구들과 정

기적으로 연락하는 것이 핵심이다. 시간 혹은 디지털 기기 때문에 나와 친구 사이의 거리가 멀어지도록 놔두지 말라.

- 효과: 진심으로 신경 써주는 사람들과 가까이 연락하며 지내는 일을 소홀히 하지 않게 해준다. 그런 사람들이 곁에 있으면 많은 양의 소음이 사라질 것이다.

습관 19 자동화된 규칙과 필터 설정하기

- 전제: 디지털 기기에 아니라고 말하지 않으면 매번 초대장도 없이 문을 열고 들어올 것이다. 다음엔 친구들을 전부 다 데려올지도 모른다.
- 실천: 디지털 기기는 형태와 특징이 어떠하든 감정이 없으며 나와 나의 시간에 관심을 가지지도 걱정하지도 않는다. 도구에 삶을 저당 잡히지 않으려면 모든 도구를 원하는 대로 쓸 줄 알아야 한다. 이는 간단한 규칙이나 필터를 설정하는 것에서부터 시작된다. 이메일을 휴지통에 버리든지, 폴더를 지정하든지, 각종 알람·알림·소음을 관리할 수 있는 더 정교한 기술을 사용하든지 상관없다. '팅' 하고 울린 작은 소리는 초대도 없이 갑자기 문 앞으로 찾아와 중요한 손님인 척하며 금세 소음과 방해의 교향곡을 연주할지도 모른다. 예상치 못한 소음의 방문을 막을 수 있게 기준을 설정하라.

- 효과: 불필요한 정보와 끊이지 않는 방해물의 유입에 미리 대비함으로써 집중력을 약화하고 삶의 질을 망가뜨리지 못하게 막을 수 있다.

습관 20 소음 없는 공간 확보하기

- 전제: 멈추지 않는 소음을 차단할 수 있는 공간을 따로 만들 필요가 있다. 고요한 쉼터가 있어야 우리는 평온함을 유지하고 앞으로 나아갈 수 있다.
- 실천: 생활 속에서 조용한 공간을 찾거나 만들거나 지정하라. 디지털 기기가 없는 회의실이 됐든, 집에 있는 작은 서재가 됐든 그 공간을 안전한 피난처로 만들고 소중히 여겨라. 자주 그 공간을 찾아 마음을 가다듬고 사색이나 명상, 묵상, 기도하거나 미래를 계획하라. 그 공간에서는 디지털 기기를 사용하지 않는다. 끊임없는 소음이 난무하는 세계에서 벗어나 침묵으로 기운과 활력을 되찾는 과정을 즐겨라.
- 효과: 하루 종일 소음에 시달리면 조용한 공간을 간절히 원하게 된다. 그 공간에서 성찰과 치유의 시간을 경험할 수 있다.

오늘 하루 동안 위에서 언급한 습관 몇 가지를 골라 실천해보자. 내가 미처 생각하지 못했던 새로운 습관을 만들어도 좋다.

모두의 발전을 위해 습관을 공유하고 실생활에 적용해보자.

소음을 다스릴 수 있는 환경으로 바꾸기

차를 타고 낯선 도시로 가는 길이라고 상상해보라. 라디오를 켜도 가장 좋아하는 방송국 채널의 주파수가 더는 자동으로 맞춰지지 않는다. 그 대신 커다란 잡음만 들린다. 주파수를 다시 설정해 소음을 피해야 할 때다. 이는 우리의 일상에도 똑같이 적용된다. 주변 환경은 항상 바뀌기 때문에 거기에 맞춰 적응해야 한다.

주변 환경에 맞춰 스스로 집중 유도 습관을 개발하는 데 도움이 될 만한 가이드를 만들었다. 이를 잘 따르면 집중력을 높이는 구체적인 전략을 개발할 수 있다. 메모장, 종이, 노트북 혹은 다른 기기를 준비하여 다음 질문에 대답한 후 나만의 집중 유도 습관을 계획해보라.

1단계 살펴보기

주변에 어떤 소음이 있는지 살펴보고 소음이 삶에 미치는 영향에 대해 곰곰이 생각해보라. 그러고 나서 다음 질문에 답해보자.

- 위험 평가: 소음의 뜻대로 세상이 돌아가게 된다면(최악의 시

나리오다) 3~5년 뒤 직장 생활과 개인 생활은 어떤 모습일까? 가장 확률이 높은 경우의 수, 열 가지를 적어보라.

- **보상 평가:** 주변 환경과 삶 속의 소음을 효과적으로 제어한다면(최상의 시나리오다) 3~5년 뒤 직장 생활과 개인 생활은 어떤 모습일까? 가장 확률이 높은 경우의 수, 열 가지를 적어보라.

2단계 주의력 관리 습관 설정하기

위 질문의 대답을 참고하여 최상의 시나리오에 더 가까이 데려다줄 주의력 관리 습관을 만들기 위해 가장 먼저 실천해야 할 일을 간단히 정리해보자.

- 생산성을 높이기 위해 직장이나 가정에서 바꿀 수 있는 것들을 적어보라.
- 집중하는 시간 동안 소음을 차단할 방법을 적어보라.
- 일하지 않을 때 화면이나 기기 사용 시간을 제한할 방법을 적어보라.

3단계 집중력 관리자 역할 설정하기

- 팀, 가족, 친구들이 생산적인 대화를 나누고 소통할 수 있게 도와줄 구체적인 방법을 적어보라.

- 사회 환경을 더 생산적으로, 회의를 더 효율적으로 바꿀 방법을 적어보라.
- 업무상 혹은 개인적으로 소통할 때 스스로 세우고 실천할 수 있는 규칙을 적어보라.

4단계 **집중 유도 습관 선택하기**

방금 작성한 개요를 자세히 살펴본 후 아래와 같이 그래프로 나타내보라. 어떤 습관은 매우 효과가 높은 대신 자리 잡는 데 시간이 오래 걸린다. 반면 다른 습관들은 빨리 몸에 익힐 수 있는 데다 바로 큰 변화를 만들어낸다는 것을 알 수 있다.

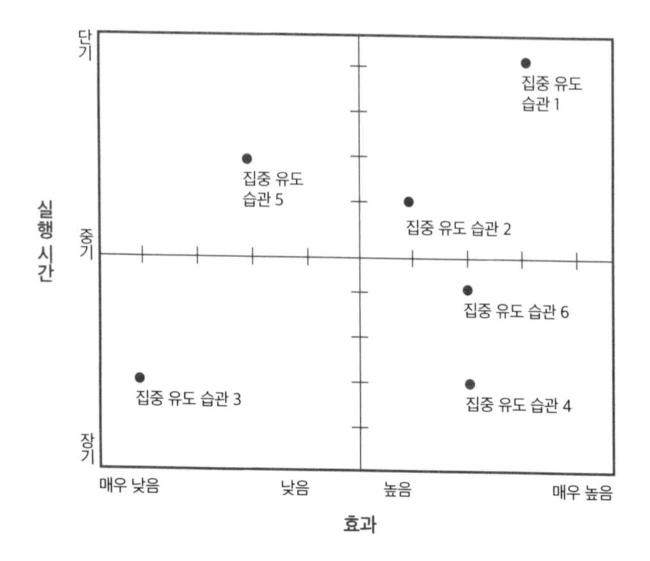

이제 성과를 낼 수 있는 의식 관리와 집중력 관리 전략 몇 가지를 골라 실행 시간(단기부터 장기)과 잠재적 효과(매우 낮음부터 매우 높음)를 기준으로 그래프를 만들어보라. 집중 유도 습관을 가이드로 사용하되 이 습관들로 목록을 가득 채우려 하지는 마라.

더 적고 더 쉬운 것이 더 효과적이라는 사실을 기억해야 한다. 목록을 가득 채워놓고 뿌듯해하지 마라. 누구든 스무 가지나 되는 습관을 모두 지킬 수 없다. 일단 목록을 작성하면서 장기적으로 바꿔야 할 것들의 우선순위를 계획한다. 빠르게 몇 가지 변화를 이루고 나면 더 어려운 변화를 끌어낼 수 있는 추진력을 얻게 될 것이다.

5단계 집중 유도 습관을 지키고 사람들과 공유하기

라디오 버튼을 누르듯 손쉽게 집중 유도 습관을 몸에 익힐 수 있다면 얼마나 좋을까! 하지만 인생은 그렇게 호락호락하지 않다. 버튼이 아닌 실천, 책임감, 훈련이 필요하다. 하지만 한 번에 하나씩 한다면 누구나 충분히 할 수 있다.

집중 유도 습관을 적어 눈에 띄는 장소 몇 군데에 붙여두자. 그다음, 믿을 수 있는 사람들과 습관들을 공유하고, 이를 잘 지키는지 2, 3주에 한 번씩 확인해달라고 부탁하자. 마지막으로, 소음 제거에 큰 진전을 보일 수 있게 90일마다 습관들을 점검하고 보충하자.

이렇게 하면 집중력을 높일 실질적인 방법과 다른 사람들도 그렇게 되도록 도울 힘을 얻게 될 것이다.

집중력 게임에서 이기기 위한 전략

모든 스포츠 감독은 매 경기 전 전략을 세운다. 이때 어떤 선수를 투입할지 결정하는 명단을 보통 '라인업'이라고 부른다. 간단하게 보이지만 부적절한 선수들이 라인업에 들어가 있거나 괜찮은 선수들이 빠지는 바람에 게임에서 지는 경우가 많다.

일상의 소음을 의식적으로 관리하는 데 유용하게 쓸 수 있는 기본적인 체크리스트를 만들었다. 여기에는 '매일' 해야 하는 일도 있고, '특별한 경우'에만 하는 일도 있다. 즉, 이유를 불문하고 매일 특정 시간에 반드시 해야 하는(매일) 습관이 있고, 하루 중 시간을 전략적으로 선별해(특별한 경우) 실천하는 습관도 있는 것이다.

['매일' 해야 하는 습관]

- 생각으로 하루 시작하기 첫 번째 헤드라인은 잠에서 깨어나 침대에서 나오는 순간 하게 되는 생각이다. 이 생각은 하루의

일과를 정리해주며, 자기도 모르게 핸드폰으로 손을 뻗거나 불평을 시작하거나 잡생각에 빠지지 않게 도와준다. 자기 전 짬을 내어 첫 번째 헤드라인이 될 문장을 한번 적어보자.

- 오전에 조용한 시간 보내기 오전 중 명상, 사색, 몽상, 계획, 침묵, 기도할 수 있는 시간을 만들어라. 보통 15분 내외가 적당하다. 이는 자기 자신과 머릿속의 생각을 정리하기 위한 약속이며 이유를 막론하고 해야 하는, 즉 절대 취소할 수 없는 시간이다.
- 독서 시간 확보하기 매일 정확히 10분 정도 독서 시간을 확보하라. 독서 목록을 작성한 후 매일 조금씩 읽어나가자. 독서를 통해 삶의 여러 중요한 문제에 집중할 수 있는 마음의 연료를 얻는다. 1년 동안 책을 몇 권이나 읽을 수 있는지 알고 나면 깜짝 놀랄 것이다. 그뿐만 아니라 10분이 지나도 멈추기 어려운 독서의 재미를 새롭게 발견할 것이다.
- 매일 할 일 살펴보기 이것은 하루 중 1~3분 정도의 아주 짧은 시간 동안 빠르게 그날 할 일을 살펴보고 어제 일을 되돌아보는 활동이다. 과거도 함께 되돌아보며 앞으로 다가올 일들을 정신적으로 대비하는 데 꼭 필요한 활동이다. 하루 중 언제라도 괜찮으니 이 활동을 할 수 있는 최적의 시간을 찾아라.

- **가장 중요한 순간에 집중하기** 언제나 하루 중 가장 돋보이는 순간이 있다. 우리 삶에 주어진 특정한 여러 역할 가운데 가장 중요한 것을 골라 그때의 내가 빛날 수 있도록 몸과 마음을 던져 집중하자. 이 순간은 한동안 똑같이 지속되거나 날마다 바뀔 수 있다.
- **오후에 조용한 시간 보내기** 오후 중 명상, 사색, 몽상, 계획, 침묵, 기도할 수 있는 시간을 만들어라. 보통 15분 내외가 적당하다. 이는 자기 자신과 머릿속의 생각을 정리하기 위한 약속이며 이유를 막론하고 해야 하는, 즉 절대 취소할 수 없는 시간이다.
- **생각으로 하루 마무리하기** 잠자리에 들 때 그날 하루를 정리할 헤드라인이 무엇인지 생각해보라. 이는 하루를 어떻게 보냈든지 상관없이 그날 일과를 마무리하는 중요한 시간이다. '핸드폰을 확인해야지'가 마지막으로 드는 생각이어선 안 된다.

['특별한 경우'에 적용되는 습관]

- **지금 이 순간에 집중하기** 내가 떠올린 생각이든 갑자기 떠오른 생각이든 하루 동안 머릿속에 스쳐 가는 생각들을 들여다보자. 다시 말해 "내가 무슨 생각을 하고 있지?", "내가 무엇

에 집중하고 있지?", "내 생각은 어디로 흘러가는 거지?" 같은 질문을 끊임없이 자신에게 던지며 지금 이 순간에 집중해보자.

- 반복의 리듬 느끼기 속담, 명언, 생각, 만트라 혹은 마음의 소리를 의식적으로 반복해서 소리 없이 말해보라. 이는 그날 맡은 역할 중 가장 중요한 것에 집중할 수 있도록 도와준다. 반복해서 말하되 횟수는 신경 쓰지 않아도 된다.
- 음소거 버튼 자주 누르기 주변의 모든 방해 요소와 산만함에 더 자주 "아니"라고 말하라. 소음이 생성될 조짐이 보이면 주의력을 해치기 전에 먼저 "아니"라고 말해 소음을 차단하라. 부정은 강력한 무기다. 그러니 적절히 활용하자.
- 5분 활용하기 정확히 5분 동안 한 가지 생각을 정리하거나 한 가지 일을 처리하자. 동시에 많은 일을 성공적으로 다룰 수 있다며 자기 자신을 속이지 말자. 순도 높은 집중력이 필요할 때가 있다. 그러니 타이머를 설정하자. 시간이 다 되면 초과하기 전에 일시 정지를 눌러라.
- 현재에 집중해서 듣기 누군가와 함께 있을 때 듣기 역량을 한껏 발휘하라. 가끔 힘들기도 하겠지만, 아무 의견도 보태지 말고 상대방의 말에 더욱더 주의를 기울여라. 반응, 동의, 수정, 문제 해결을 위해서가 아니라 온전히 이해하기 위해

들으라는 뜻이다.

- 간결하게 말하기 말과 글로 명확하고 간결하게 소통하는 법을 연습하라. 잘못된 소통은 대개 소음의 원인이 되므로 정말 중요한 순간에는 군더더기를 빼고 이야기하라. 간결해야 명확해진다.

모두 아주 간단한 습관이니 실천에 옮겨보자. 매일 '습관 계획표'를 실천한 후 집중력이 얼마나 올라가는지 느껴보라. 소음은 반드시 제거돼야 한다. 그러니 이를 나의 임무로 생각하라.

나는 확실하게 내 임무를 수행했다. 이제 더 이상의 소음은 없다.

☑ 습관 계획표

매일 하는 습관	메모
□ 생각으로 하루 시작하기 하루를 시작하는 헤드라인	
□ 오전에 조용한 시간 보내기 사색을 위한 시간	
□ 독서 시간 확보하기 독서 목록 활용하기	
□ 매일 할 일 살펴보기 앞으로 할 일과 이미 한 일 돌아보기	
□ 오후에 조용한 시간 보내기 사색을 위한 시간	
□ 생각으로 하루 마무리하기 하루를 마무리하는 헤드라인	

▶ 이 습관들은 하루도 빠짐 없이 매일 해야 한다. 매일 발생하는 소음을 물리치려면 반드시 이 습관들을 계획하고 실천해야 한다.

특별한 습관	메모
□ 지금 이 순간에 집중하기 내 생각 점검하기	
□ 반복의 리듬 느끼기 집중을 위해 단어나 문구 활용하기	
□ 음소거 버튼 자주 누르기 소음과 기기에 아니라고 말하기	
□ 5분 활용하기 5분간 한 가지에 집중하기	
□ 간결하게 말하기 명확하고 간결하게 소통하기	
□ 그 밖의 습관 소음을 관리할 다른 방법	

▶ 매일 이 습관 계획표를 기록한다면 소음과 싸워 이기는 데 아주 큰 도움이 될 것이다.

• 21 •

인생에서 가장 중요한 것에 집중하는 힘

이 책을 읽는 동안 쉽게 절망감에 빠질 수 있다.

이 책에서 다룬 문제의 심각성에 대해 말할 때 사람들의 얼굴색이 바뀌고 분위기가 처지는 모습을 자주 목격한다. 미래를 좌절과 절망의 시선으로 바라보기 시작하는 것 같다. 미래는 끔찍할 수 있다. 사람들은 현재와 미래 세대들이 이토록 급격한 변화를 어떻게 받아들이고 헤쳐나갈 수 있을지 걱정한다. 과연 청년들은 행동을 바꾸려는 의지를 보일 것인가? 아니면 분열된 마음과 망가진 집중력을 자신들이 처한 현실로 받아들일 것인가?

우리는 정말 대답하기 어려운 질문들을 던지기 시작할 것이다.

- 대량 집중력 파괴 무기들은 아이들의 발달에 영원히 악영향을 미칠 것인가?
- 모두가 습관적으로 서로를 계속 차단하는 시대에 어떻게 건강한 우정과 인간관계를 유지할 수 있을까?
- 듣기와 대화의 기술을 영영 잃어버리고 말 것인가?
- 더 심한 기기 중독에 빠져 서로를 계속 고립시키고 말 것인가?
- 화면을 쳐다보는 시간을 철저히 관리하고 제한해야 할까?
- 직장, 학교, 집은 생산적인 일을 하고 성취감을 느끼는 공간인가, 끝없는 좌절과 소음을 유발하는 공간인가?
- 고전 문학처럼 긴 책을 읽는 재미와 능력을 잃어버리게 될까?
- 이메일과 문자메시지는 뇌를 망가뜨리고 지치게 하는 새로운 도구와 애플리케이션으로 발전할 것인가?
- 가상현실은 결국 뇌를 뒤죽박죽으로 만들 것인가?
- 배려와 존중은 사라지고 말다툼, 편협한 생각, 회피하는 태도만 남을 것인가?
- 아무도 위 문제들을 신경 쓰지 않을 때 우리는 얼마나 비인간적이고 천박해질 것인가?

위 질문에 대한 답을 곰곰이 생각해보면 희망을 품기가 정말 어렵다. 어떻게 해야 긍정적으로 바라볼 수 있을까?

정답은 자기 자신을 비롯한 친구와 동료, 가족 들을 위해 가장 좋은 선택지를 쟁취하려는 내면의 힘에 있다. 사회적 압력이 불가피하게 우리를 더 어두운 미래로 데려갈지도 모르지만, 새로운 현실이 우리를 통제하도록 놔두지 말고 우리가 새로운 현실을 통제하기로 마음먹으면 된다.

나는 새로운 세상에서 벌어질 문제를 전통적인 방식으로 대응하고자 이 책을 썼다. 이 책의 목적은 실천 가능한 방법들을 제시하고, 아무도 집중하지 못하는 시대에 주체적으로 사는 법을 깨달을 수 있도록 하는 것이다. 즉, 모든 소음에 맞서 싸울 수 있게 도와주기 위한 것이다.

모든 사람이 자신감 있게 위기에 대처하는 모습을 떠올릴 때면 고인이 된 남동생 조니가 생각난다. 동생은 오랜 암 투병 끝에 쉰을 넘기지 못하고 지난 2015년 세상을 떠났다. 동생은 낙천주의자였고 사람들을 깊이 사랑했으며 웃음이 가득했다. 조니는 내가 아는 누구보다도 상대방의 이야기를 잘 들어주었으며 그 순간에 몰입하기를 좋아했다. 다른 사람들에게 집중하는 것이 조니의 습관이었고, 사람들도 그걸 느꼈다.

사람들의 말에 따르면, 조니 역시 디지털 기기와 TV, SNS를 좋아했다. 재미있는 글을 게시하거나 유명 인사들의 계정을 팔로우하기도 했다. 통찰력이 돋보이는 게시글과 아무 의미 없는 이야기까지 이곳저곳에 올리는 데 선수였다.

하지만 당신이 조니와 같이 있었다면 이런 것들은 아무 문제도 되지 않았을 것이다. '당신이' 가장 중요하기 때문이다. 조니는 사람들의 이야기를 적극적으로 경청했고 소음에 아니라고 말했으며 자기 자신은 물론 주변 사람들을 위해 조용한 시간을 보낼 줄 알았다.

조니는 사람들을 최우선으로 생각했다. 특히 마지막 해를 함께 보내는 동안 사람들이 인생에서 가장 중요한 것들에 집중할 수 있도록 도와주었다. 동생은 자기 자신보다 다른 사람들을 먼저 보살폈다. 주변 사람들을 먼저 생각하는 동생이었기에 그와 함께한 시간이 무척 소중했다.

어렸을 때부터 조니와 함께 있으면 소음 대신 웃음과 사랑, 삶이 만들어내는 아름다운 소리를 들을 수 있었다. 여전히 나는 그때의 기분 좋은 소리를 들을 수 있다.

우리 모두 조니처럼 살아보자.

"쉬운 답은 없지만 간단한 답은 있다."

옮긴이 이애리
한국외국어대학교에서 노어와 정치외교학을 전공했다. 교육 출판사에서 영어 교재를 만들었고, 학원에서 영어를 가르치다 번역가의 길로 들어섰다. 글밥 아카데미 수료 후 현재 바른번역 회원으로 활동 중이다.

인생에서 가장 중요한 것에 집중하는 힘

나는 좀 단순해질 필요가 있다

초판 1쇄 인쇄 2020년 7월 10일
초판 1쇄 발행 2020년 7월 17일

지은이 조셉 맥코맥
옮긴이 이애리
펴낸이 김선준

기획편집 마수미
편집1팀 배윤주
디자인 김세민
마케팅 권두리, 조아란, 오창록, 유채원
경영관리 송현주

펴낸곳 포레스트북스 **출판등록** 2017년 9월 15일 제 2017-000326호
주소 서울시 강서구 양천로 551-17 한화비즈메트로1차 1306호
전화 02) 332-5855 **팩스** 02) 332-5856
홈페이지 www.forestbooks.co.kr **이메일** forest@forestbooks.co.kr
종이·출력·인쇄·후가공·제본 (주)현문

ISBN 979-11-89584-73-3 (03190)

• 이 도서의 국립중앙도서관 출판예정도서목록(CIP)은 서지정보유통지원시스템 홈페이지(http://seoji.nl.go.kr)와 국가자료종합목록 구축시스템(http://kolis-net.nl.go.kr)에서 이용하실 수 있습니다.
(CIP제어번호: CIP2020026078)